BIBLIOTHEQUE
ANTI-CLÉRICALE

BIBLIOTHÈQUE ANTI-CLÉRICALE

Léo TAXIL

LES

SOUTANES

GROTESQUES

Réimpression de l'édition complétement épuisée
du 1ᵉʳ volume de l'*Almanach Anti-Clérical*

AVEC INTRODUCTION DE

TROIS NOUVELLES VARIÉTÈS

FASCICULE Nº 3 BIS

PARIS

ET LES DÉPARTEMENTS

En vente partout

M DCCC LXXIX

BIBLIOTHÈQUE
ANTI-CLÉRICALE

MODE DE PUBLICATION

La *Bibliothèque anti-cléricale* est une publication périodique plus ou moins régulière. — A la fin de chaque trimestre, paraît, avec un titre spécial, un fascicule, c'est-à-dire une forte brochure de 80 pages comme celle-ci, au prix de 60 centimes (par la poste, 70 centimes). Ces fascicules sont disposés de façon à pouvoir être réunis quatre par quatre, et à former ainsi un beau volume de 320 pages chaque année. Le dernier de ces quatre fascicules contient la table des matières.

En outre, comme la loi n'oblige pas les gérants à rendre leurs publications absolument régulières, le gérant de celle-ci se réserve le droit de faire paraître, indépendamment des quatre fascicules destinés à former un volume spécial, d'autres fascicules à part, toujours sous le titre général : *Bibliothèque anti-cléricale* ; ces brochures-là seront annoncées d'une façon particulière.

Ainsi, nous avons publié cette année, en fascicule à part (fascicule n° 2 *bis*), un **ALMANACH ANTI-CLÉRICAL ET RÉPUBLICAIN** pour 1880. Cet ALMANACH, des plus intéressants, est en vente au même prix que toutes les autres brochures de la *Bibliothèque anti-cléricale* (60 centimes chez les marchands, et 70 cent. par la poste). — De même, la présente brochure, **Les Soutanes grotesques**, forme un fascicule supplémentaire.

ANNÉE 1879

1ᵉʳ fascicule régulier : *A bas la Calotte !* (déjà paru).
2ᵉ fascicule régulier : *La Chasse aux Corbeaux* (déjà paru).
3ᵉ fascicule régulier : *C'est nous qui fouettons ces vieux Polissons* (déjà paru).
4ᵉ fascicule régulier : *Les Jocrisses de sacristie* (paraîtra vers le 30 décembre).

On peut, pour tous les renseignements, écrire au rédacteur de la *Bibliothèque anti-cléricale*, M. Léo Taxil, 33, rue des Écoles, à Paris.

LES SOUTANES GROTESQUES

L'Abbé Cul-de-Singe

I

Certain soir, en sortant de table, le diable, qui avait mal dîné, était, — comme on dit sur notre boule terrestre, — d'une humeur massacrante.

Quelques damnés de haut parage, admis à partager le repas du maître essayaient en vain de l'égayer, en lui racontant des anecdotes et en faisant des calembours : rien ne pouvait dérider Satan, pas même le noble jeu des *combles*, auquel son favori Astaroth était, pourtant, d'une jolie force.

Depuis un instant, le silence le plus profond régnait dans la salle à manger ; la physionomie de Sa Majesté Infernale était tellement sombre que, par un accord tacite, chacun des assistants s'était tu, dans la crainte qu'une parole imprudente fît éclater une de ces royales colères, dont les effets étaient, à juste titre, redoutés.

— Que tout le monde sorte! s'écria tout à coup le diable ; je désire être seul.

. Ces paroles, accompagnées d'un effroyable froncement de sourcils, vibrèrent, sous les hautes voûtes, comme une sonnerie de clairons. Ce fut, aussitôt, dans la noble assemblée, un sauve-qui-peut indescriptible. Tout le monde s'enfuit, pêle-mêle, en débandade ; les valets, oubliant les lois de la préséance, bousculèrent outrageusement les seigneurs de la cour. En un clin d'œil, Satan se trouva dans une solitude complète.

— Ouf ! fit-il alors, avec un bâillement sonore et prolongé, je m'ennuie impérialement. Quelle existence monotone est la mienne ! Jamais rien d'imprévu ! Ma seule distraction consiste à tisonner les damnés et à les retourner sur leurs grils respectifs. J'ai le titre de roi des enfers, et je ne suis qu'un vulgaire rôtisseur. C'est humiliant !... Si j'envoyais ma démission au Père Eternel !... A quoi bon ?... Il e fuserait, et, d'ailleurs, s'il l'acceptait, ma situa, loin de s'améliorer, s'aggraverait : je perdrais ma couronne pour tomber au rang de démon subalterne ; à part cette dégringolade, qui froisserait mon amour-propre, rien ne serait changé dans ma manière de vivre. Décidément, la démission est un mauvais moyen... Mais, alors, que faire ?... que faire ?... que faire ?... Je ne mange presque plus... je maigris à vue d'œil...Tous les matins, je découvre de nouveaux fils blancs dans ma barbe rouge... Si ce a continue, mes sujets finiront par s'apercevoir que je vieillis, et mon prestige diminuera... Par Caron, l'ancien nautonnier des sombres bords, mon royaume est un triste séjour, et les habitants de la terre s'expriment d'une façon fort judicieuse, quand ils disent d'une situation superlativement ennuyeuse: « C'est infernal ! »

Sur cette réflexion, Satan interrompit son monologue, et plongea ses doigts crochus dans sa flamboyante chevelure. Les rides profondes, qui sillonnaient son front, s'effacèrent ; de ses yeux jaillirent

deux flammes brillantes, et ses lèvres, s'entr'ouvant,
exhalèrent un soupir de soulagement, dont la sono-
rité fit voler les vitres en éclats.

— Quelle idée ! s'écria-t-il ; quel heureux enchaî-
nement de pensées ! Un mot a suffi pour me mettre
sur la voie de la délivrance ; je me suis rappelé une
formule usitée sur la terre... La terre !... Oui... c'est
cela !... L'enfer m'horripile... Le purgatoire n'en
est qu'une pâle reproduction... Le paradis m'est in-
terdit... Mais, par mes cornes ! il me reste la terre
que je n'ai visitée encore qu'en ma qualité d'esprit
malin et tentateur. J'y veux aller, sous la forme humaine, y vivre de la vie commune aux mortels...
Etre homme, et posséder la puissance diabolique...
quelle magnifique perspective ! Allons ! C'est décidé:
je chercherais en vain un passe-temps de plus haut
goût.

Ayant ainsi parlé, Satan appuya la griffe de son
index sur un timbre, dont les vibrations firent ac-
courir toute une légion de diablotins.

— Çà, drôles, ordonna-t-il, qu'on aille me qué-
rir Pluton et mes ministres.

Quelques secondes après, le conseil était assemblé,
et le roi des enfers annonçait officiellement qu'ayant
à faire un voyage, dont il ne pouvait préciser la durée,
il investissait son prédécesseur Pluton de la majesté
royale avec toutes les prérogatives y attachées.

Les ministres s'inclinèrent en manière de respectueux assentiment ; le gouvernement intérimaire se
trouvant ainsi constitué, le voyageur prit congé en ces
termes :

— Messieurs, je vous salue. Quant à toi, mon
vieux Pluton, permets que je t'embrasse. Je te
confie le pouvoir, en mon absence, parce que tu
en es le plus digne. Tu l'as exercé, à la satisfaction
générale, jusqu'au jour où la révolution chrétienne
t'a dégommé, et les quelques siècles qui se sont
écoulés depuis lors sont trop peu de chose dans
l'éternité pour que tu aies eu le temps d'oublier le
métier. Je ne te ferai donc pas de recommandations

oiseuses. Tu me rendras mon trône en bon état,
j'en suis certain... si je reviens, murmura-t-il à
l'oreille du vieux dieu, de façon à n'être entendu
que de lui, car, je te le dis en confidence, j'ai conçu
un petit plan, qui pourrait bien avoir pour résultat
de changer complétement ma destinée. Je ne puis
pas te le faire connaître, mais la renommée te le
révélera infailliblement tôt ou tard, et tu diras
alors: « Ce diable de Satan n'était fichtre pas un
imbécile. » Sur ce, ma vieille branche, je dépose
un baiser filial sur ta vénérable barbe, et je file.

Il dit ; et, aussitôt, une épaisse fumée s'éleva,
répandant une odeur de soufre, qui fit tousser les
ministres et le père Pluton lui-même, malgré les
efforts qu'il faisait pour conserver une attitude ma-
jestueuse en rapport avec ses nouvelles fonctions.
Quand cette fumée se fut dissipée, on constata que
Satan avait disparu.

II

Afin de faire une expérience complète de l'humanité, le diable avait très-judicieusement pensé qu'il
était nécessaire de commencer par le commencement. En conséquence, le premier usage qu'il fit
de sa puissance fut de s'incarner dans un fœtus, au
moment même de sa formation. Pendant les neuf
mois qui précédèrent sa naissance, il ne fit rien qui
mérite d'être relaté ; son humeur maligne se tra-
duisait, cependant, par des ruades continuelles, ap-
pliquées vigoureusement contre les flancs mater-
nels. La pauvre femme s'en plaignait souvent à son
mari, qui se bornait à lui répondre que « ça n'était
pas de sa faute » ; quand les coups étaient par trop
violents, il lui arrivait, parfois, de s'écrier, en gémissant :

— Sûrement, ce n'est pas un bébé ordinaire que
j'ai là-dedans : ce doit être le diable !

La mère endolorie (*mater dolorosa*) ne savait pas
si bien dire.

Le jour de la délivrance, impatiemment attendu, arriva enfin. La sage-femme et toutes les matrones d'alentour déclarèrent, d'un commun accord, que l'enfant etait splendide. Cependant, Satan riait sous cape, tout en miaulant comme une chatte amoureuse, afin de jouer consciencieusement son rôle de nouveau-né.

Glissons rapidement sur ses premières années. De même que tous les petits enfants il négligea de demander la clé du water-closet pour satisfaire aux nécessités primordiales dont aucune créature humaine ne peut s'affranchir. Pour ne pas se singulariser, il consentit également à téter ; mais, dès qu'il eut sa première dent, il ne prit pas une fois le soin de sa mère sans le mordre de toutes ses forces; aussi fut-il sevré aussitôt qu'il fut jugé capable d'absorber une nourriture plus substantielle.

Le diabolique enfant ne tarda pas à donner des preuves d'intelligence et de précocité, qui frappèrent le vieux curé du village dans lequel il avait eu la fantaisie de naître. Ce digne ecclésiastique offrit de se charger de l'éducation du jeune Oscar (ainsi se nommait le petit prodige), offre que les parents acceptèrent avec enthousiasme. Les leçons commencèrent aussitôt, et, comme l'écolier, par son pouvoir magique, avait la science infuse, son professeur fut bientôt obligé de déclarer qu'il n'avait plus rien à lui enseigner.

— Ce petit bonhomme, dit-il au père et à la mère d'Oscar-Satan, est merveilleusement doué. La grâce divine est en lui, et il serait fâcheux que les dons exceptionnels qu'il a reçus du Très-Haut fussent perdus pour notre sainte Eglise. Vous ne pouvez songer à en faire un paysan comme vous ; il est organisé pour devenir une des gloires les plus éclatantes du clergé. Laissez-moi donc le présenter à Monseigneur ; je suis sûr que notre vénéré prélat partagera mon enthousiasme, et qu'il daignera faire instruire gratuitement votre fils dans un séminaire

Le vieux curé parla longtemps sur ce ton ; il ne

se doutait pas que son discours lui était inspiré par
Satan lui-même, qui poursuivait, ainsi, l'exécution
du plan dont il avait entretenu Pluton.

Les parents d'Oscar, flattés d'avoir un fils suscep-
tible de devenir, un jour, évêque, archevêque ou
même cardinal, consentirent volontiers à laisser leur
curé libre d'agir à sa guise. En conséquence, l'enfant
entra au séminaire, feignit d'y travailler et y fit,
tout naturellement, d'excellentes études. Il fut,
ensuite, ordonné prêtre, et fut nommé curé, en rési-
dence à B***

<h2 style="text-align:center">III</h2>

Voilà donc messire Satan définitivement ensou-
tané. Tout d'abord, il s'appliqua à se donner un
aspect aussi clérical que possible. Il voila l'éclat de
ses yeux et prit surtout un soin méticuleux de sa
tonsure. Il la faisait raser tous les matins, la frot-
tait d'huile pour la rendre luisante et passait des
heures consécutives à la regarder, dans une glace,
afin de s'assurer qu'elle formait une circonférence
parfaite.

C'était, à n'en pas douter, une belle tonsure, — si
belle, que les gamins du pays, trouvant qu'elle ressemblait au derrière pelé d'une guenon ou de n'importe quel quadrumane, prirent insensiblement l'habitude d'appeler leur curé « l'abbé Cul-de-Singe ».

A force de l'entendre nommer ainsi, les fidèles
eux-mêmes finirent par ne plus s'apercevoir de ce
que ce surnom avait de peu respectueux, et, moins
de deux ans après, un étranger, passant par B***,
n'eût pas été médiocrement surpris d'entendre, jusqu'à des marguilliers et des vieilles dévotes, désigner
leur pasteur vénéré par ce burlesque sobriquet :
l'abbé Cul-de-Singe.

On pourrait croire que le diable, entrant dans les
ordres, n'avait pour but que de scandaliser ses
ouailles et de déconsidérer la religion en menant
une vie de polichinelle.

Ce serait une grave erreur, et l'on verra, par la suite de ce récit, qu'il ne donna, pendant le cours de sa longue carrière, que des exemples édifiants. Au point de vue de la morale, il se conduisit comme le dernier des sacripants, mais il sut toujours conformer ses actions aux lois ecclésiastiques, tant il est vrai qu'on peut être un excellent prêtre en même temps qu'un fieffé gredin.

Satan inaugura son entrée en fonctions par une preuve d'obéissance à la règle évangélique qui ordonne d'abandonner son père et sa mère pour se consacrer exclusivement au service de Dieu et de son Eglise.

Ses parents ayant perdu le peu qu'ils possédaient à la suite d'une série de grêles et de gelées qui, détruisant leurs récoltes, les avaient forcés d'emprunter à des taux usuraires, vinrent demander asile à leur enfant : il le leur refusa.

Comblé de cadeaux par les hobereaux d'alentour, il aima mieux consacrer les cadeaux qu'il recevait à l'achat d'ornements ecclésiastiques qu'au soulagement des deux vieillards. Bref, il les laissa mourir de faim, de froid et de misère, *ad majorem Dei gloriam*; mais, en revanche, il annonça, au prone, qu'il dirait cent messes à leur intention. Il prononça, à ce propos, un sermon des plus pathétiques, disant que l'homme avait été mis sur la terre pour souffrir, et que le ciel était le prix de ses souffrances.

— Ah ! mes frères, s'écria-t-il, dans un magnifique mouvement oratoire, quand vous voyez des malheureux, vous êtes tentés de les plaindre, de leur venir en aide .. Félicitez-les, plutôt, car ces malheureux sont les véritables heureux, et la privation des biens périssables leur assure la béatitude éternelle.

Bref, l'abbé Cul-de-Singe parla si bien, qu'en sortant de l'église chacun disait :

— Quel saint homme ! Il a laissé mourir ses parents tout exprès pour les envoyer en paradis.

Dans une autre circonstance, le digne prêtre donna une nouvelle preuve de sa ferveur. Non loin de sa cure, vivait une vieille femme, n'ayant pour toute famille qu'un petit-fils infirme et rachitique. Il ne fallait, au pauvre orphelin, que bien peu de chose pour achever ses jours à l'abri du besoin ; sa grand'mère était riche, mais le curé veillait. Il n'eut pas de peine à circonvenir la vieille dévote, en terrifiant son cerveau débile par des peintures, violemment colorées, des tourments infernaux. Craignant qu'un testament fût attaqué, il décida sa pénitente à convertir toute sa fortune en billets de banque et à la distribuer, de son vivant, à des fondations pieuses. Quand elle mourut, l'enfant infirme se trouva sans gîte et sans ressources ; il s'en alla mendier sur les routes. Quant au curé, il reçut de ses supérieurs les plus chaudes félicitations.

Une autre fois, il éventra une femme en couches pour baptiser sa progéniture. L'événement fit du bruit, et les tribunaux faillirent s'en mêler. Le clergé usa de son influence ; l'affaire fut étouffée, et l'abbé Cul-de-Singe fut encore complimenté pour son zèle.

Un de ses plus hauts faits se produisit quelque temps après. Il y avait à B*** un jeune homme d'une honorabilité parfaite, mais professant des opinions subversives. Non-seulement il n'allait jamais à la messe, mais il faisait, par ses paroles et ses écrits, de nombreux prosélytes à la libre-pensée ; c'était, en somme, un adversaire dangereux, dont il importait de se débarrasser.

Que fit l'infernal curé ? Il s'introduisit, pendant la nuit, dans une maison voisine de celle qu'habitait cet homme, et y déroba un portefeuille gonflé de valeurs, en ayant soin de laisser tomber, près du meuble qui contenait ce portefeuille, un bouton de manchette appartenant au jeune voltairien. Le lendemain matin, profitant d'un moment où ce dernier était absent de chez lui, il s'introduisit dans sa chambre et glissa, sous son matelas, le portefeuille accusateur. Le bouton de manchette fut un premier indice ; une perquisition amena la découverte du corps du délit et l'innocent, malgré ses dénégations, fut envoyé au bagne.

Il faudrait un volume pour raconter tous les exploits de l'abbé Cul-de-Singe. Cette esquisse ne comporte pas d'aussi longs développements, et il nous suffira de dire que cet excellent prêtre commit, à peu près, tous les crimes qui peuvent souiller un homme, sans violer aucun des règlements ecclésiastiques. On sait, en effet, que des casuistes, des pères de l'Eglise, dont l'opinion fait autorité dans le monde clérical, ont des excuses toutes prêtes pour les plus noirs forfaits. Il suffit qu'ils soient commis dans certaines intentions déterminées. Le mensonge, le vol, le meurtre même, peuvent être des actions louables et méritoires. « La fin justifie les moyens », tel est l'axiome de ces gens-là.

L'abbé Cul-de-Singe, sentant sa fin prochaine, voulut couronner sa carrière par une œuvre de génie. Le diable a le pouvoir de faire des miracles, aussi bien que Dieu le père, son fils, le St-Esprit et la Vierge. La seule différence entre les uns et les autres consiste dans le nom qu'on leur donne : un miracle accompli par le diable se nomme maléfice ou sortilége. Donc, notre brave abbé, tenant essentiellement à mourir en odeur de sainteté, eut la triomphante idée d'user de sa puissance surnaturelle pour frapper un grand coup. Il convoqua ses paroissiens dans un champ, et quand la foule fut compacte, on vit, en l'air, un beau vieillard, ayant une couronne flamboyante sur la tête, et, dans la main, un sceptre d'or.

A cette vue, tous les assistants tombèrent le front dans la poussière, et adorèrent l'Eternel, qu'ils reconnaissaient à sa longue barbe. Pendant ce temps, le curé, les yeux levés vers l'apparition, riait de son rire satanique, et le vieillard aérien disparaissait dans les nuages.

Quelques jours après cette scène émouvante, l'abbé Cul-de-Singe mourut, jugeant qu'il avait assez fait pour sa propre gloire et pour celle de l'Eglise. Les derniers mots qu'il prononça furent :

— Je n'aurais jamais cru que ce diable de Pluton jouerait aussi bien le rôle de bon Dieu.

Heureusement, personne n'était là pour entendre cette réflexion compromettante.

On fit au vénérable abbé de splendides funérailles, et il était à peine enterré que le pape prononçait sa béatification.

IV

Saint Pierre terminait une partie de besigue, quand une âme frappa à la porte du paradis.

— Qui est-là ? demanda-t-il.

— L'abbé Cul-de-Singe, répondit une voix métallique.

Saint-Pierre ouvrit, et recula d'effroi ; il avait reconnu le diable.

— Vous êtes Satan ! s'écria-t-il.

— Possible, mais je suis béatifié ; par conséquent, j'ai le droit d'entrer.

Ce raisonnement rendit le bienheureux portier perplexe. Il réfléchit un instant, puis :

— Attendez un peu, dit-il ; je vais consulter le Père Eternel.

— J'y consens, mais dépêchez-vous, répondit Satan : je suis pressé :

Saint Pierre courut et revint quelques minutes après, accompagné du Créateur.

Celui-ci demanda des explications, et parut aussi embarrassé que son concierge.

— Fichtre ! dit-il, c'est grave ; je ne vois qu'un moyen de trancher la difficulté, c'est de faire venir le pape, qui a eu la bêtise de béatifier cet animal-là.

Aussitôt dit, aussitôt fait. Le Souverain-Pontife reçut illico un télégramme, sous forme d'apoplexie foudroyante, qui l'appelait au ciel sans délai.

Il arriva sans se faire prier.

— Que viens-je d'apprendre ? lui dit l'Etre su-

préme, roulant de gros yeux ; vous avez béatifié le
diable !

— Pardon ! pardon ! protesta le pape ; j'ai béatifié l'abbé Cul-de-Singe, un brave prétre qui a mené
une vie exemplaire et qui accomplit des miracles !

— Mais, fichu maladroit, reprit le bon Dieu, l'abbé
Cul-de-Singe n'est autre que Satan.

— Ça ne me regarde pas ; d'ailleurs, je ne suis
pas disposé à subir vos algarades. Etais-je votre
représentant sur la terre, oui ou non ? Avais-je
vos pleins pouvoirs, oui ou non ?

— Incontestablement, répondit ce pauvre Dieu,
qui ne savait plus quelle contenance prendre.

— Eh bien ! alors, vous n'avez qu'à ratifier ma
décision et à vous taire. L'abbé Cul-de-Singe doit
entrer au ciel et il y entrera.

Le Père Eternel, voyant qu'il n'aurait jamais le
dernier mot, se décida à baisser pavillon, et le diable franchit la porte du paradis, bras dessus bras
dessous avec le Souverain-Pontife.

Le bon saint Pierre fermait la marche en grommelant.

La morale de cette histoire est que Satan habite
le séjour des élus et que le royaume des enfers est
définitivement placé sous le sceptre de Pluton.

On assure qu'il est bon diable.

A BAS LES MASQUES !

Réponse aux calomniateurs de Voltaire

Monsieur,

Vous êtes sénateur ; je ne suis qu'un modeste
journaliste. Vous représentez trois cents députés
bigots qui, d'une Assemblée de malheur, vous ont
porté, inamovible, au fauteuil que vous occupez à

(*) Cet article a été écrit à propos des fêtes du centenaire de Voltaire,
fêtes auxquelles l'évêque Dupanloup, aujourd'hui décédé, avait la prétention de s'opposer. C'est à M. Dupanloup lui-même que cette inter-
pellation s'adresse.

la Chambre-Haute ; je représente, moi, une foule de citoyens qui me lisent et qui, par conséquent, partagent mes convictions.

Je demande à vous interpeller.

+

Je demande à vous interpeller, parce que voilà assez longtemps que vous jouez le rôle de dénonciateur et d'inquisiteur ; parce que ce rôle, qui n'était d'abord chez vous qu'une habitude, s'est transformé en manie et dégénère maintenant en rage frénétique ; parce que, profitant de la trop grande bonté des hommes que les circonstances ont mis au pouvoir, vous voudriez empêcher les libres-penseurs de fêter la mémoire de Voltaire, cet écrivain qui est la gloire de la France, ce démolisseur qui a donné le plus terrible coup de pioche à la superstition, ce philosophe qui fut la lumière de son siècle et qui restera le phare des générations à venir, cet Homme qui est plus grand que votre Dieu.

Je vous interpelle parce qu'il y a derrière vous une sombre phalange d'individus sans vergogne, qui sont furieux de voir les âmes, et surtout les corps, s'affranchir tous les jours de leur odieuse domination, et qui, n'ayant pas le moindre sentiment de l'honnêteté, essaient par tous les moyens malhonnêtes de ressaisir leur influence qui se perd, leur autorité qui décroît, leur puissance qui croule.

Je vous interpelle et j'interpelle en vous tous les despotes de la conscience, tous les adversaires de la raison, tous les ennemis de la liberté.

Je vais arracher les masques de vos faces hypocrites. Je veux vous faire confesser, sous le fouet de mon indignation, que, si vous calomniez les hommes purs, c'est pour détourner l'attention de vos incessantes turpitudes ; que, si vous vous offusquez du scepticisme des philosophes, c'est pour faire croire que votre enseignement de la foi n'est pas un commerce ; que, si vous poussez des cris de

paon contre les prêcheurs de tolérance, c'est pour
faire absoudre les crimes lâches et infâmes des
vôtres ; que, si vous traitez Voltaire de mauvais
patriote et d'être immoral, c'est pour cacher votre
anti-patriotisme et votre immoralité.

Vous êtes les hiboux qui protestez contre la
lumière. Vous êtes les reptiles rampants qui ralliez
les aigles. Vous êtes les chacals qui dénigrez les
lions. Et, surtout, vous êtes semblables à ces pick-
pockets qui, surpris la main dans la poche du passant, crient au *voleur !* pour dérouter les agents de
police.

✝

Voltaire ! Ah ! ce nom vous effraie, ce nom vous
glace, ce nom vous terrifie.

Vous ne pouvez pas supporter qu'une bouche le
prononce, et, si vous étiez au temps de votre regretté
Louis IX, ce roi canonisé qui mourut pourri de la sy-
philis, vous perceriez aujourd'hui d'un fer rouge
toutes les langues de libres-penseurs.

Voltaire est votre bête noire, à vous, bêtes noires. Il est votre cauchemar ; son rire sarcastique
trouble sans cesse vos rêves ambitieux ; sa lèvre
moqueuse déconcerte toutes vos affectations inté-
ressées de sagesse, de science et de vertu ; la seule
évocation de son ombre, pendant les lourds som-
meils qui suivent vos indigestions de pouvoir, fait
perler à votre front la sueur froide de la peur.

Et ce n'est pas à tort que vous redoutez Voltaire.
Il est le savoir, et vous êtes l'ignorance ; il est la charité, et vous êtes la haine ; il est le beau intellectuel,
et vous êtes la laideur morale ; il est l'honnêteté, et
vous êtes le vice ; il est la vie, et vous êtes la mort ;
il est le jour, et vous êtes la nuit ; il est le génie du
bien, et vous êtes le démon du mal.

Vous ne lui pardonnez pas d'avoir ouvert l'ère glorieuse de la Révolution et d'avoir lancé dans le firmament des esprits cette étoile flamboyante, la

Philosophie, qui nous guide et qui guidera nos fils à la conquête définitive de toutes les libertés.

Il ne vous suffit pas d'être venus, par une nuit de mai 1814, profaner les cercueils vénérés du Panthéon, et d'avoir volé dans un tombeau, pour les jeter on ne sait où, les ossements du patriarche de Ferney ; il vous faut encore aujourd'hui cracher sur sa mémoire. Il ne vous suffit pas d'être les serpents visqueux qui se glissent par les fentes des sépultures, il ne vous suffit pas d'être les hyènes sinistres qui déterrent les cadavres ; il faut encore que vous soyez les crapauds qui infectent et les escargots qui bavent.

✛

Et vous osez dire avec votre impudence ordinaire : Voltaire ne croyait à rien. Voltaire n'aimait pas le peuple. Voltaire était un ennemi de la France. Voltaire était immoral.

✛

Voltaire ne croyait à rien ?

Vous en avez menti ! Si Voltaire n'ajoutait aucune foi aux sornettes que vous débitez, aux miracles absurdes que vous fabriquez, aux incongruités que vous décorez du nom de mystères ; s'il ne voyait en votre Jésus qu'un homme et en vous que des charlatans, il ne s'ensuit pas qu'il ne crût à rien.

Il croyait à la vérité, mais à la vérité palpable. Il croyait aux mystères, mais aux mystères de la nature, aux mystères qui ont une raison d'être, qui existent, qui sous une forme ou une autre sont tangibles, et que la science, progressant toujours, découvre, sonde et finit tôt ou tard par expliquer.

Il croyait à l'humanité, lui qui l'aima, lui qui fut l'apôtre de la tolérance, lui qui incarna l'amour du prochain.

Il croyait au bien, lui qui le fit.

Il croyait à la vertu, lui qui en donna l'exemple.

Il croyait à la science, lui qui la répandit, au lieu de la garder égoïstement sous le boisseau pour son profit personnel.

Il croyait à la justice, lui qui éleva sa puissante voix en faveur de Calas, de La Barre, de Montbailly et de Sirven.

Est-ce que tous ces actes de foi ne valent pas les patenôtres, les oraisons que vous apprenez aux cacatoès et aux perruches de vos sacristies ? Est-ce que tous les dogmes que vous avez édictés, depuis celui des trois personnes qui n'en font qu'une jusqu'à celui du pape qui ne peut se tromper, en passant par votre légende, décrétée histoire authentique, de la femme qui enfante en restant vierge, est-ce que ces insanités, qui sont plus extravagantes que toutes les gaîtés du paganisme, peuvent soutenir la comparaison avec les vérités immuables enseignées par le *Dictionnaire philosophique ?*

Oui, Voltaire était un croyant, et vous, vous personnellement, vous ne l'êtes pas.

Voltaire croyait à la philosophie, et vous ne croyez pas à la religion.

Tenez, vous, monsieur Dupanloup, vous à qui je m'adresse, vous qui êtes contemporain des comédies grotesques de la Salette et de Lourdes, vous qui avez combattu l'infaillibilité papale au sein même du concile de 1869, je vous mets au pied du mur. Osez dire que vous croyez aux apparitions miraculeuses ; osez dire que, depuis la proclamation du dogme contre lequel vous avez voté et auquel, par conséquent, vous avez déclaré ne pas croire, osez dire qu'à partir de ce moment un saint-esprit quelconque est descendu sur vous en langue de feu, ou n'importe comment, et a mis dans votre cœur la foi !

Allons, vous et vos pareils, vous qui faites répéter à vos fidèles le *credo quiâ absurdum* de saint Augustin, «. je crois cela parce que cela est absurde », vous n'inventez vos articles de foi que

pour écraser les cerveaux, supprimer les intelligen-
ces ; car l'être qui se résigne à croire par crainte
des anathèmes, l'être qui de son plein gré se trans-
forme en cadavre vivant, n'est plus un être, mais
une chose, une machine qui vous appartient, dont
vous faites jouer comme vous voulez les ressorts,
et — ce qui est l'essentiel, — qui vous rapporte et
ne produit que pour vous.

+

Voltaire n'aimait pas le peuple ?
Mais toute sa vie est là pour vous infliger un
nouveau démenti.

Prenez le premier venu de ses actes, épluchez
tous ses écrits, et dites en quoi actes ou écrits ne
profitent pas au peuple.

N'aimait-il pas le peuple, cet homme qui a écrit :
« Si quelqu'un, sous la voie lactée, voit un indigent
estropié, s'il peut le soulager et s'il ne le fait pas,
il est coupable envers tous les globes ? »

N'est-il pas un véritable ami du peuple, ce grand
citoyen qui a dit : « Plus les hommes seront éclairés,
plus ils seront libres ? »

Et, d'ailleurs, pourquoi discuter cela avec vous,
ô gens de mauvaise foi ? Ne haïssez-vous pas
Voltaire précisément parce qu'il vous arrache le
peuple, parce qu'il a posé les jalons de la large
route qui a conduit le peuple à l'émancipation et le
mènera bientôt à la majorité ?

Est-ce vous donc qui aimez le peuple, vous qui
n'avez jamais recherché que l'amitié des puissants ?
car rois et évêques, aristocrates et prêtres, vous
êtes faits pour vous entendre, vos intérêts sont les
mêmes, vous vivez ensemble sur le pain que vous
prenez aux travailleurs !

Est-ce donc vous qui aimez le peuple, vous les
parasites de la société, vous, éternels phylloxeras,
qui rongez l'ouvrier dans son épargne, vous, exploi-

teurs de tous les sentiments, bons ou mauvais, nobles ou vils, méprisables ou sacrés?

Est-ce donc vous qui mettez en pratique la fraternité, vous qui avez fait les dragonnades et la Saint-Barthélemy, et qui ne demandez qu'à les refaire?

'J'ai cité tout à l'heure le nom de La Barre.

La Barre était un jeune homme de dix-huit ans, un enfant. Il assistait un jour au défilé d'une procession, et ne leva point son chapeau au passage de votre Saint-Sacrement. Vous vous emparâtes de lui; vous le fîtes comparaître à votre tribunal; il fut jugé, et, l'ayant condamné à un supplice atroce, vous eûtes la barbarie d'exécuter votre horrible sentence. La Barre eut la langue arrachée, les poings brûlés à petit feu; puis, après avoir été conduit ainsi à travers la ville, il eut la tête tranchée, et, son corps ayant été brûlé, vous en répandîtes les cendres au vent. Cela se passait à Abbeville, en France, il y a à peine cent ans. — Pour n'avoir pas salué une procession!...

Tenez, j'aime mieux ne pas dire ce que je pense de vous; car vous me traîneriez devant les tribunaux. comme vous m'avez fait citer en cour d'assises, moi aussi, à dix-huit ans, pour avoir publié des chansons contre vous!

Eh bien! ce La Barre que vous avez supplicié, Voltaire l'a défendu.

+

Voltaire était un ennemi de la France?

Vous en parlez à l'aise. Voltaire fut lié d'amitié avec Frédéric de Prusse, et vous rendez Frédéric d'abord, Voltaire ensuite, responsables de la guerre de 1870, et de la perte de l'Alsace-Lorraine.

Ah! monsieur Dupanloup, dans le ciel où vous l'avez placé, Escobar doit être jaloux de vous.

Mais la guerre de 1870, si ce n'est pas vous qui l'avez déclarée, c'est vous autres, les prêtres, qui en êtes la cause. N'est-ce pas la guerre dont votre impératrice bigote a dit : « C'est ma guerre à moi ! » N'avez-vous pas consacré son auteur en le bénissant le lendemain du coup d'Etat? N'avez-vous pas, pendant vingt ans, pressé sur vos eamails violets le criminel empereur dégouttant du sang de Baudin? Et si, dans cette malheureuse lutte, la France a été abandonnée par ses alliés naturels, n'est-ce pas à vous qu'elle le doit, à vous qui nous avez aliéné particulièrement l'Italie en contraignant notre valeureuse armée à défendre — honte et douleur! — votre pape ?

Hélas! il faut bien le dire, on ne peut aller aujourd'hui nulle part sans être exposé, si l'on est Français, à subir les sarcasmes des populations étrangères. Vous et les vôtres, par vos agitations perpétuelles, par l'empire que vous exercez encore sur les classes dirigeantes, vous nous avez fait au dehors une réputation que nous ne méritons pas. En Angleterre, en Italie, en Autriche, en Russie, en Suisse, partout, la France est considérée comme un pays clérical, et comme le cléricalisme est aujourd'hui l'objet de l'exécration universelle de l'Europe, si quelque malheureuse guerre venait à éclater, le monde entier se retirerait de nous.

Il n'est pas jusqu'à la Chine, où, par votre propagation de la foi à l'aide de procédés qui sont qualifiés dans le code, vous n'ayez fait rejaillir sur nous un peu de la haine que l'on vous porte.

Et c'est vous qui avez l'audace de parler de patriotisme ! et vous avez l'effronterie de rappeler, à propos de Voltaire, le souvenir de Frédéric de Prusse !

Etes-vous donc des patriotes, vous qui, la main dans la main des nobles, vous êtes fait ramener en 1814 au fond des fourgons prussiens?

Avez-vous du sang français dans les veines, vous qui, lorsque nos faubourgs sont dévastés par l'inondation et lorsque sévissent les crises ouvrières, envoyez votre or au denier du Vatican ?

Trêve aux sensibleries de commande! Voltaire était un patriote vrai, et Frédéric de Prusse était plus français même que vous.

Ne sait-on pas que votre patrie est à Rome?

Ah! si la France, vous mettant enfin au rang des simples citoyens, vous privait de toutes les immunités qui vous sont accordées, de tous les priviléges dont vous jouissez; si, par contre, Guillaume, le Guillaume de Berlin, le Guillaume qui s'est fait couronner à Versailles, le Guillaume qui nous a pris Metz et Strasbourg, si ce monarque protestant trouvait son intérêt à devenir catholique et vous ouvrait ses bras d'allemand, ah! je vous le dis, moi qui vous connais, mes maîtres, vous vous y précipiteriez sans hésiter, vous l'appelleriez votre frère bien-aimé, vous auriez des absolutions pour toutes ses conquêtes passées et futures, et vous nous diriez, avec des roulements d'yeux et sur un ton confit, que vous n'avez en vue que le salut de nos âmes.

+

Voltaire était immoral?

Dernière insulte, suprême mensonge.

Parce que l'auteur de la *Henriade* a lu dans quelques salons, à des soirées intimes, un poème badin, vous le taxez d'immoralité.

Cela est révoltant de cynisme.

Vous prenez des airs de pudeur offensée, vous jetez les hauts cris, vous feignez de rougir aux mots un peu crus de la *Pucelle*, et vous voudriez faire passer pour une obscénité une œuvre qui n'est qu'une plaisanterie d'un bout à l'autre, saupoudrée de sel gaulois, écrite avec un esprit que vous voudriez bien avoir, et, dans tous les cas, plus anodine que les poèmes de votre confrère l'abbé Parny, que les *Mémoires de Manon Lescaut*, de votre confrère l'abbé Prévost, et que les romans salement orduriers de votre ami Louis Veuillot.

Vous vous faites les champions des bonnes mœurs,

tartufes tartuflés qui avez inventé le confessionnal et la confession, vous qui comptez dans vos rangs Léotade, Delacollonge et Mingrat, dont vous avez pardonné les « erreurs »; vous qui portez aux nues Marie-Antoinette; vous qui, en la personne d'évêques et de cardinaux, avez sollicité les faveurs de la Montespan, cette grande dame de contrebande, de la Pompadour, cette grisette élevée sur un canapé royal, de la Dubarry, cette ancienne fille de lupanar; vous qui, récemment encore, trouviez presque des excuses à Germiny, victime des faiblesses de la chair; vous qui n'avez jamais renié les Borgia !

Mais ce qu'il y a de plus fort, ce qui est le comble de l'impudence, vous osez prononcer le nom de Jeanne d'Arc. Oh oui ! cela est trop violent, cela dépasse les bornes... Jeanne d'Arc que vous avez vendue aux Anglais... car c'est vous, prêtres, qui avez vendu la vierge de Domremy !... Jeanne d'Arc, que vous avez brûlée vive, car le bûcher est votre amusement favori !...

En vérité, monsieur Dupanloup, avant de vous constituer, sans qu'on vous le demande, le défenseur de Jeanne d'Arc, vous devriez lancer vos anathèmes sur son bourreau, votre collègue en soutane, l'évêque catholique Cauchon.

+

Et de toutes vos accusations contre Voltaire, que reste-t-il ? — Rien.

Vous le sentez si bien que vous vous adressez en désespéré à l'autorité, comme l'écolier cafard qui rapporte au pion. Vous voyez que le peuple commence à se désabuser et qu'il ne vous écoute plus. Vous prêchez dans le désert. La nation entière méprise vos calomnies et, fière, calme, joyeuse, célèbre la mémoire de Voltaire.

Et alors, vous vous tournez vers le ministre et vous lui dites en pleurnichant :

— M'sieu, il y a le peuple qui me tire des pinces et qui organise une manifestation pour faire de la peine à Jésus-Christ.

Car, c'est là l'argument que vous avez gardé pour la bonne bouche : « Le centenaire de Voltaire est une manifestation anti-chrétienne. »

Eh bien! oui, c'est une manifestation anti-chrétienne... Et après?

Nous froissons vos opinions religieuses? C'est possible. Est-ce que vous ne froissez pas tous les jours nos opinions de libres-penseurs ? Est-ce que, dans les villes où vous trouvez des administrateurs faibles qui ne savent pas faire respecter la loi, vous vous privez de processionner par les rues vos madones, vos mâchoires de saintes, avec grand renfort de pénitents gris, bleus et noirs? Est-ce que les voies ferrées ne sont pas à tout instant sillonnées par des trains bondés de pélerinards, arborant avec orgueil sur leur passage des bannières souvent séditieuses et chantant des refrains souvent anti-patriotiques? Est-ce qu'en ce moment vous ne faites pas élever au sommet de Paris, de Paris, la capitale du monde civilisé, une église placée sous un vocable qui est une insulte directe au progrès et à la raison ?

Et cependant nous supportons ces provocations incessantes. Pourquoi ne supporteriez-vous pas, à votre tour, une manifestation légale !

A bas les masques, monsieur!

Assez de zèle, de dénonciation et d'inquisition ! Vous ne ferez pas rétrograder la France.

Place à Voltaire !

Si la vue de sa statue vous offusque, restez chez vous ! Si nos illuminations éblouissent vos yeux de chouette, restez chez vous ! Si l'explosion de notre joie vous occasionne des attaques de nerfs, restez chez vous !

Restez chez vous, et laissez-nous tranquilles, comme nous vous laissons à vos confessionnaux et à vos banquets eucharistiques.

Et, sur toute l'étendue du territoire, dans les

grandes villes ainsi que dans les moindres hameaux,
les familles, les amis se réuniront, chaque année,
malgré vous, pour fêter l'anniversaire voltairien et,
portant un toast à la mémoire du patriarche de
Ferney, diront :

— Voltaire est bien le premier citoyen de l'humanité, le plus éminent écrivain du siècle de la philosophie, le plus terrible athlète de la raison, puisqu'il a contre lui... la prêtraille.

LES NEUF PLAIES D'ÉGYPTE

LÉGENDE RÉPUBLICAINE

L'ulcère clérical, mal cautérisé par l'acier de
Quatre-vingt-treize, avait reparu et rongeait de plus
belle le cœur des nations civilisées.

Le Père-Éternel, l'antique Jéhovah, celui qui avait
envoyé son Fils sur la terre pour prêcher aux hommes la liberté, l'égalité et la fraternité, se voyait
menacé par Veuillot, et autres ultramontains, d'un
rival qui, s'étant d'abord prétendu vice-Dieu,
venait de se faire décerner un brevet d'infaillibilité,
et allait bientôt se faire élever des autels.

Le bon vieillard fut profondément attristé par le
délaissement dont il était l'objet. Il prit en dégoût
la machine ronde, cette vieille toupie que depuis six
mille ans la ficelle monarchique fait tourner à son
profit; il allait l'aplatir contre un mur, quand l'idée
lui vint de sortir de son armoire les neuf fléaux dont
il avait jadis châtié les Pharaons.

— « Cherchons, se dit-il, le pays le plus mécréant,
et que la punition que nous allons lui infliger serve
d'exemple aux autres. »

Et, tout en faisant ces réflexions, il prit sa barbe
et son bâton et descendit sur le globe.

La première contrée qu'il rencontra fut l'Amérique. Il admira le gouvernement du pays, et ne s'étonna pas que sous une République sage les séides des différentes religions vécussent en parfaite harmonie.

Il sauta l'océan Pacifique à pieds joints et tomba en Chine.

— Oh! fit-il, voilà des idolâtres !.... Comment se fait-il que ma religion n'y soit pas pratiquée, puisque les successeurs de mon Fils y ont établi des Missions.

Et il vit les Révérends Pères de la Compagnie de Jésus enlever des petits enfants qu'ils allaient ensuite montrer comme des objets de curiosité à leurs compatriotes d'outre-mer.

Il s'expliqua tout et maugréa contre ces mauvais propagateurs de la foi. D'ailleurs la Chine, sous le rapport de la civilisation, était un pays des plus avancés.

De là, il alla en Russie en passant par la Sibérie. En voyant la cruauté des donneurs de knout, qui, au milieu du XIXe siècle, avaient conservé le servage, il eut envie de déchaîner contre le czar et ses sujets les neuf fléaux qu'il tenait renfermés dans une outre.

Mais la vue du pays voisin lui fit détourner les yeux. Il franchit la frontière de la Prusse. Il alla jusqu'à Berlin et pénétra dans le palais du roi Guillaume. A l'aspect des pendules et des bijoux français qui encombraient les corridors, il se crut dans une caverne de voleurs ; ce fut bien pis quand il aperçut les visages des familiers du monarque ; il boutonna sa redingote et serra son porte-monnaie.

Déjà il s'apprêtait à crever l'outre, source de malheurs, quand il abaissa son regard sur les Universités d'Huningue et de Leipsig ; la science florissante et honorée calma son courroux.

Alors il prit l'express, traversa sans s'arrêter la Hollande et la Belgique et arriva à Versailles.

L'Assemblée dite Nationale, qui devait renverser

Thiers à une majorité de sept voix, grâce à quatorze traîtres, bâclait des lois contre le peuple qui venait de l'élire dans un jour de malheur et s'épanouissait, dans toute son insolence, aux rayons du Roi-Soleil dont elle rêvait de replacer sur le trône un descendant abâtardi.

A peine Jéhovah eut-il fait quatre pas dans la galerie des Tombeaux, qu'un coup de corne de chèvre l'envoya piquer une tête contre la pointe d'un éteignoir.

— « C'est trop fort, dit-il en s'arrachant les quelques cheveux qui lui restaient, je croyais trouver ici un ilote affranchi, ayant pique en main et bonnet rouge en tête, et je m'embronche déjà aux crasseux tricornes des marquis de Carabas ! »

Il n'était pas à bout de surprise. Il vit un pays démembré, les armées allemandes occupant plusieurs départements ; entendit les discours de Belcastel et le grincement continu de cette vieille serrure détraquée qui s'appelait Changarnier.

En sortant de l'Assemblée, il accosta l'évêque Dupanloup pour lui demander de parler en faveur de l'amnistie, en sa qualité de ministre du Dieu de miséricorde ; mais, avant qu'il eût ouvert la bouche, le saint évêque lui dit :

— « Passez, mon brave homme, on ne donne pas ici ! »

Le Seigneur disparut. Le soleil s'obscurcit. L'horizon devint noir comme la conscience d'Emile Ollivier, et les neuf plaies d'Egypte se rouvrirent.

Le pacte de Bordeaux et la surprise des canons de Montmartre engendrèrent la Commune. Les aînés de la grande famille républicaine, tels que les Flourens, les Delescluze, les Rossel, les Rochefort, les Blanqui, etc., périrent sur les barricades ou à Satory, ou bien furent envoyés aux pontons ; et, par ce fait, les eaux de Versailles jouant sur Paris furent changées en *sang*.

La deuxième plaie nous gratifia d'un essaim de *moustiques* armés de suçoirs aigus comme les sabres-baïonnettes de l'état de siége. Ces moustiques infectèrent Paris, n'ayant pu envahir Berlin. Pendant ce temps, la troisième plaie consista en une pluie de casques de cuir bouilli, gros comme des *sauterelles* prussiennes, qui se mirent à raser nos prés alsaciens-lorrains jusqu'à extinction de chaleur métallique de cinq milliards.

La quatrième plaie attira sur la France une grande quantité de *mouches.* Ces insectes, armés du charbon, essayèrent en vain de corrompre l'état sanitaire de la République. Ce n'étaient pas des mouches à miel.... au contraire ! Elles étaient grosses comme des préfets de police bonapartistes, et leur bourdonnement ressemblait au grincement des verrous.

La cinquième plaie nous couvrit de *pustules noires* comme des fourmilières de jésuites, grands et petits, à qui le Saint-Père semblait dire : « Croissez et multipliez. » C'était l'ulcère clérical qui, semblable à la tache d'huile, allait s'allongeant toujours.

L'odeur du pétrole bonapartiste, qui avait asphyxié la Commune, ne tarda pas à mettre la *peste,* sixième plaie, qui fort heureusement n'atteignit qu'un capitulard dont la cartouchière contenait du sucre. C'était l'heure où, par la grâce de Dieu et la volonté nationale, l'ex-empereur expirait à Chislehurst.

Les cataractes de l'impôt s'ouvrirent. Cette septième plaie écrasa le peuple, et tomba comme *grêle* sur les tables des cafés-buvettes. Les allumettes devinrent des poutres et ne prirent pas même au feu. Le tabac dégénéra en crottin. Les cigares, empaillés de cette façon, augmentèrent de prix et diminuèrent de longueur. Le héros d'Auteuil aurait donné sa hure princière de sanglier pour un bout de cigarette mâchée par le héros de Sedan.

Mais les exhalaisons pestilentielles des marais monarchiques, les émanations délétères des eaux de Lourdes et de la Salette enflèrent un nuage noir, qui ne creva que pour rouvrir la huitième plaie.

Le souffle grinçant des bourrasques poussa sur la France je ne sais quel déluge de *grenouilles.*

Ah! quelles grenouilles! Elles étaient grosses comme des Batbie, des Kerdrel, des Baragnon, des Jean Brunet, des Chesnelong, des Goulard, et autres batraciens, blagueurs, farceurs politiques, turbulents et incorrigibles.

Et toutes ces grenouilles demandèrent un roy.

Leur escadron gluant, frétillant, sautillant, boursouflé de tumeurs cléricales, le cou flanqué du goître héréditaire de la papauté, s'avança vers la gauche avec l'ordre de bataille acquis au gouvernement de combat. Les membres de l'extrême gauche, impassibles, demeurèrent claquemurés dans un silence effrayant. Ce fut alors, sur les bancs des grenouilles, un tohu-bohu de cris rauques et flûtés, une cacophonie d'interpellations saugrenues, où les crapauds les moins pituiteux expectorèrent sur Grévy, sur Gambetta, sur Louis Blanc, de bilieux arguments écumés dans la cuisine de leur politique marécageuse, si bien qu'à la fin M. Thiers lui-même, lassé, se laissa enlever le pouvoir.

Le 24 mai se fit. Cette fois, les grenouilles et les crapauds ne mirent plus de bornes à leur charivari. Leurs coassements et leurs «brrrô qué brô» dirent assez qu'ils ne voulaient pas de la République même conservatrice, qu'ils ne voulaient pas que cette fille devînt femme, que cette pénombre devînt clarté, que cette clarté devînt aurore, que cette aurore devînt soleil.

Le peuple ressembla à un voyageur qui, dans une grotte humide et noire, a perdu son fil conducteur. Cette ficelle de salut, qui devait le tirer de ce cul-de-sac, c'était la dissolution des grenouilles.

Mais les batraciens de la droite firent éclore, avec la neuvième plaie, le suffrage restreint qui enfanta un Sénat réactionnaire.

De cette neuvième et dernière plaie sortit le hideux Seize-Mai, avec son affreux cortége de Broglie et Fourtou, pieuvres horribles dont les ventouses liberticides guettèrent la République pour la noyer dans les flots des scrutins faussés.

Et Mac-Mahon, bien que les yeux ouverts, ne voyait pas.

Et le lion populaire, flairant le suffrage universel mis en péril par le suffrage restreint, l'enlaçait de sa forte queue.

Et les élections législatives, départementales et municipales formaient une marée républicaine qui montait toujours.

LA JOURNÉE DE LÉON XIII

GRANDE TRAGÉDIE EN PROSE, MAIS DIGNE D'ÊTRE MISE EN VERS

PERSONNAGES

Léon XIII. — **Nina**, son confident. — Le capitaine **Boyton**. — **Dupanloup**, aspirant cardinal. — **Catarina de Modène**, en d'autres termes, la femme à Chambord, comtesse de vieille roche, mais sourde comme un pot. — **Don Carlos**. — Le dompteur **Bidel**. — Un garde-noble. — La **Mère-Cabas** — La veuve **Badingue**. — **Oreillard IV**. — **Rouher**, auvergnat à tout faire. — Pèlerins de Lourdes plus ou moins estropiés.

L'action se passe au Vatican, au cinquième étage au-dessus de l'entresol.

NOTA. — Pour rompre la monotonie du dialogue, Léon XIII, Nina, Dupanloup et le garde-noble parlent latin, et Rouher baragouine auvergnat.

SCÈNE PREMIÈRE

LÉON XIII, NINA, LE GARDE-NOBLE

LÉON XIII, *bâillant à se décrocher la mâchoire*. — Saperlipopedibus ! jamaia me suiso tantum embêtatus qu'aujourd'huiter.

NINA. — Per qué, Santa-Papa ?

Léon XIII. — T.. saisis qu> j'avaibo achétatus beaucoupum obligationes turquas...

Nina. — O yès, Santa-Papa.

Léon XIII. — Eh bene, obligationes turquas veniunt encorus dé baissere de unum francos... Aco est bigramenter stupidibus.

Nina. — Faut vos consolare, Santa-Papa !.. Aujourd'huiter il doitit venire nombrum infinitis de pelerinos de toutas les partibus du mondas, et faulit esperare qu'ils apportarunt énormément r de quibus...

Léon XIII, *au garde-noble, qui est auprès de la fenêtre, en train de fumer un cieux bout de cigare.* — Philopompé ! Philopompé !... Est-ce qu'il y habet beaucoupum de visitores inscritos ?

Le garde-noble, *posant son bout de cigare sur la cheminée et accourant.* — Il y en habet de quantitétis phénoménales.

Léon XIII. — Alorsus, commençavimus réceptionem...

Le garde-noble. — Je suiso à vos ordribus, Santa-Papa... Seulamenter, permittite mihi de vos rappelare que voilatus longtempum que je n'avaibo pas touchatis d'appointementas. Et, je vos le juro, j'ai grandus besoinos de meum argentem...

Léon XIII. — T'inquiétés pas, Philopompé... Si pelerini cascant beaucoupum picationes, tibi donnaro unum à comptus. Mais fais un paou l'appelum des visitoras.

Le garde-noble *ouvre la porte et crie :* — Pelerinos de Lourdas !

Un flot d'individus des deux sexes, tous plus estropiés les uns que les autres, fait irruption dans le salon. Il y a là des boiteux, des bossus, des sourds, des aveugles, des manchots, un malheureux affligé de la danse de Saint-Guy qui porte un paralytique dans une brouette, des culs-de-jatte, et même un décapité avec sa tête sous le bras.

SCÈNE II

LES MÊMES, PLUS LES LOURDAUDS

Les lourdauds entrent en chantant d'un air lamentable.

CHŒUR

Nous sommes des gens bien à plaindre.
Écloppés, malades, perclus ;
Nous passons la journée à geindre ;
Nous souffrons, nous ne vivons plus.

UN BOITEUX

Moi, j'ai la jambe bien malade.

UN BOSSU

Mes humeurs m'tombent dans le dos.

L'AFFLIGÉ DE LA DANSE DE SAINT-GUY, *secouant le paralytique dans sa brouette*

Moi je porte mon camarade,
Et ne puis rester en repos.

UN HYDROPIQUE

J'ai le ventre qui me gargouille.

UN INFORTUNÉ *à qui l'on a arraché le nombril*

A la place du ventr' j'ai z'un trou.

LE DÉCAPITÉ, *présentant sa tête*

Moi, j'ai le nez qui me chatouille,
Depuis qu'on m'a coupé le cou.

LES LOURDAUDS, *reprenant en chœur*

Nous sommes des gens bien à plaindre, etc.

Léon XIII, *tendant le pied à un lourdaud.* — Baisa la pantoufle. (*Tous les lourdauds à la file baisent la pantoufle et déposent leurs offrandes dans le bassin que tient Nina*). Maintenanter, explicate-vos.

Le délégué des lourdauds, *un muet.* — Saint-Père, nous sommes des pèlerins. Avant de venir à Rome, nous sommes allés à Lourdes. Nous étions très-bien portants. Nous avons eu le plaisir de voir l'eau de la source accomplir d'étonnants miracles. Devant nous, après un simple bain dans la piscine, des tortillards ont été redressés, des aveugles ont recouvré la vue, des culs-de-jatte se sont vu pousser des échasses de trois mètres de haut, et des paralytiques ont dansé le quadrille du Sacré-Cœur. Malheureusement, nous avons eu la ridicule idée de nous baigner dans la piscine après tous ces infortunés si joyeusement guéris, et nous, qui nous portions bien, nous avons attrapé toutes leurs infirmités. Aussi, sommes-nous venus vous trouver, et à notre tour nous vous disons : Saint-Père, guérissez-nous !

Léon XIII. — C'est huitis francos per personnas... Nina va vos menare dans le cabinetibus à côté. . Vos trouveretis de flaconos, ce sont des jus de cautéros ayantus beaucoupum serviti à meo predecesssorem... Vos avaleretis ces jus de cautéros, et vos seretis gueritus. .

Nina fait passer les lourdauds dans le cabinet d'à-côté. Pendant tous ces pourparlers, le garde-noble a repris son bout de cigare sur la cheminée ; seulement, comme il s'est éteint, pour ne rien perdre le garde-noble fait tomber la cendre et mâche le reste avec volupté.

Léon XIII. — Continuamus receptionas.

Le garde-noble, *criant, tout en ayant son bout de cigare dans la joue gauche.* — Capitanus Boytonem !

SCÈNE III

Léon XIII, Nina, Boyton, le garde-noble

Cette scène présente peu d'intérêt. Le capitaine Boyton fait admirer son appareil de sauvetage à Léon XIII, qui lui demande s'il n'y aurait pas moyen d'en fabriquer un pour préserver la papauté du naufrage. Le capitaine Boyton, qui ne comprend pas le latin, ne répond rien, et s'en va sans mettre un sou dans l'escarcelle pontificale.

Léon XIII, *grommelant.* — Oh ! pingrus ! oh ! pignoufi !

SCÈNE IV

Léon XIII, Nina, Dupanloup

Le garde-noble, *criant, tout en ayant son bout de cigare dans la joue droite.* — Monsignori Dupanloupos !

Nina. — Ah ! ce chéro amicus !

Léon XIII, *lui imposant silence d'un ton bref.* — Taisa t'v ! Ille habet votatus contra infaillibilitatem de Pio Nono ! Est presquo unus hereticum !

Dupanloup, *s'avançant.* — Santa-Papa, vobis apporto plusieurs millieris de francos de meum diocesus.

Léon XIII, *sèchement.* — Tu non habes faitis que tonis devoiros.

Dupanloup. — Cependanter, je non croyaibo pas que injustum coleris de Pio Nono se continuraitit jusqu'à soni successorem. Ne puis-jo pas esperare enfinus de vos flechire ?

Léon XIII, *prenant l'argent.* — Jamaïa ! Avanter de votare contra infaillibilitatem, tu auraibis dutus réfléchire... Infaillibilitas étaibat unam chosum gravis sur laquella tu non devaitis pas te pronunciare alla légèrio.... Tu habes parlatus senso savoire ce que tu disaibis.... Avanter de purlare, tu auraibis dutus tournare sept foisum ta languam dans la bouchum de Louisio Veuillotis.

Dupanloup. — Alorsus, non possumus esperare de estre bientôtes cardinales ?

Léon XIII. — Non possumus.

Dupanloup, *à part, ronchonnant dans un coin.* — Oh ! mi vengearebo d'unus talem meprisos.

SCÈNE V

Les mêmes, plus Catarina de Chambord

Le garde-noble, *criant, tout en ayant son bout de cigare dans la joue gauche.* — Comtessa Catarina de Chambordos !

La comtesse s'avance. Elle a une ardoise suspendue au cou. Elle tient dans ses mains un coffret contenant dix mille francs, en or.

LÉON XIII, *tendant le pied.* — Baisa la pantouflo.

Naturellement, la comtesse, qui est sourde comme plusieurs pots, reste impassible.

LÉON XIII, *s'agaçant d'avoir le pied tendu, plus fort.* — Baisa la pantouflo !

La comtesse regarde le pied papal d'un air étonné.

NINA. — Baisa la pantouflo !

LÉON XIII, *irrité et raidissant le jarret d'une manière effrayante, criant de toutes ses forces.* — Baisa la pantouflo !

LA COMTESSE, *sortant sa montre.* — Il est neuf heures et quart, Saint-Père.

NINA. — Credo que cetta damam est un péutus dura d'oreillis.

LÉON XIII, *furieux, prend la tête de Catarina et la cogne contre son pied, en répétant.* — Baisa la pantouflo !

LA COMTESSE, *ébahie, après avoir remis son coffret.* — Celui qui m'envoie auprès de vous vous est bien connu : c'est Henri V, le sire de Frohsdorff. Voici les dix mille francs qu'il offre chaque année au Saint-Siége...

LÉON XIII. — Nina, regardate s'il n'y habet pas des pièças faussos dans la quantitatem.

LA COMTESSE. — L'Enfant du Miracle ne vous demande qu'une seule chose en retour: vos vœux les plus sincères pour son prompt avènement.

LÉON XIII. — Tonus vieusum Chambordos est ramollissimus de ramollissimorum... Il y habet bene longtemper qu'il devraibit estre remontatus super trônum et avoire renduto Romam alla Papautatis... Maï est unum cornichoni, ille a peuros de se bougeare... Qu'ille aillat se faire lanlairus in sæcula sæculorum !

LA COMTESSE, *s'inclinant avec respect.* — Mille fois merci.

LE GARDE-NOBLE *a posé sont bout de cigare mâché sur la cheminée; aussi, est-ce d'une voix claire et la bouche libre qu'il dit :* — Santa-Papa, non restat plus qu'una bandam de mallappias... Illi marquant rudamenter malum... Ce sunt una vieillas, unos femmo qui habet des jouas pendantes jusqu'à terram, unus perteurum d'cautis, et uni jeune homo qui possedat des oreillis remarquabiles.

LÉON XIII. — Fais les toujoursum intrare ; souventer ceusos qui marquant le plus malé sunt ceusos qui apportant le plusum dé picaïonas.

NINA, *tapant amicalement sur le ventre de Léon.* — Tu es unus grossum roublardis, Santa-Papa.

LE GARDE-NOBLE, *annonçant.* — La créma des bonnapartissimorum, et dessuto du panieros !

Entrée de la ceuce Badingue, la Mère-Cabas, Rouher

et le jeune Oreillard IV. Celui-ci se cure le nez avec les doigts.

SCÈNE VI

LES MÊMES, PLUS LES QUATRE PERSONNAGES DÉNOMMÉS CI-DESSUS

Léon XIII, Nina, sur leur estrade (car il y a une estrade); la veuve Badingue, la Mère-Cabas, Rouher et le jeune Oreillard IV, en rang d'oignon devant l'estrade ; à droite, dans l'embrasure de la fenêtre, Dupanloup et la comtesse Catarina, qui causent en langage de sourd-muet, c'est-à-dire par des gestes ; à gauche, près de la porte d'entrée, le garde-noble qui mastique de plus belle son bout de cigare pour se donner une contenance. — La Mère-Cabas a au bras une bourriche pleine d'écus : ce sont les produits des procès intentés aux journaux républicains français, soit par le jeune prince (condamnation du *Siècle*), soit par elle, Mère-Cabas, comtesse de Montijo.

ROUHER, *bas à la veuve Badingue.* — Vous chavez, faudra vous retenir, fouchtra ! Nous ne chommes pas les maîtres ichi : nous ne chommes pas aux Tuileries, et le vieux gros-nez qui est perché chur l'échtrade, il pourait che fâcher, ch il che figurait qu'on lui z'y manque de rechpect...

LA VEUVE BADINGUE, *bas.* — Je ferai ce que je pourrai, mon noble ami ; mais je ne réponds de rien. Vous savez que j'ai tout fait depuis mon enfance pour guérir cette désagréable dyspepsie qui m'afflige. . . . Tous les remèdes ont été essayés sur moi, même la figue fraiche, et tous ont été impuissants... Oui, mon noble ami, j'ai tout fait.

ROUHER, *bas.* — Eh bien ! étouffez, étouffez par un éternuement vigoureux les chons qui pourraient vous trahir.

LE JEUNE OREILLARD IV *à la Mère-Cabas.* — Grand'maman, pourquoi que le pape il a un si gros nez ?

LA MÈRE-CABAS. — C'est pour mieux aspirer l'encens de la chrétienté, mon enfant...Mais ne mets pas tes doigts dans ton nez comme ça ; tu n'es pas à table.....

LÉON XIII, *tendant le pied* — Baisa la pantouflo !

Les quatre visiteurs baisent tour à tour la pantoufle. Le jeune Oreillard IV, qui est en train de rire, mor' le gros doigt du pied de Léon XIII. Celui-ci pousse un cri. Le garde-noble croit que c'est le coucou de la salle qui marque la demie et fait observer tout haut que l'horloge avance. Cet incident n'a pas de suites.

LÉON XIII. — Quid voletis-vos ?

ROUHER. — Chaint Père, voichi ; nous chommes, tous tant que nous chommes ichi, les reprejantants autorifés du parti bonattrapichtre, et comme en Franche on ne veut plus de nous, nous j'avons penché qu'une bénédicchion de vous cherait pour nous une vraie bénédicchion, vu que cha pourrait au moins nous j'attirer la conflanche des bons dévots qui commenchent à lâcher Henri chinq.

LÉON XIII.—Alorsus, vos voletis unum petito discoursas ?

LA VEUVE BADINGUE. — Un. tout petit discours.

LÉON XIII. — C'est huitis francos.

LA VEUVE BADINGUE, *tout en se tordant comme un tire-bouchon.* — Faut vous dire, saint homme, nous sommes pauvres ; l'hydre de la démagogie nous a dépouillés jusqu'à notre...

LÉON XIII. — Je n'entro pasus dans cettis détaillibus ; c'est huitis francos, pas unum radisi de moino !

ROUHER. — Mais chi nous chommes raides à la fin ?...

LÉON XIII, *montrant la bourriche de la Mère-Cabas.* — Cependanter, en entrantes, j'avaiso entendutus là-dedans unum charmantem bruitum de picaïones...

LA MÈRE-CABAS, *à part.* — Aïe ! aïe ! aïe ! mes monacos nous ont trahis...

LA VEUVE BADINGUE, *se tordant toujours.* — Faut vous dire, saint homme...

ROUHER, *avec un gros rire forcé.* — Ch'est pas de l'argent, ch'est des jetons pour jouer au loto...

Léon XIII se consulte avec Nina. La Mère-Cabas pose la bourriche par terre, afin que les écus ne remuent plus et par conséquent ne fassent plus de bruit. La veuve Badingue tourne sur elle-même en se tordant par des efforts inouïs. Le jeune Oreillard IV se mouche avec le coin de son oreille droite. La comtesse Catarina Blanci-les-Forcetta de Chambord demande à Dupanloup pourquoi le pape reçoit comme ça une troupe de saltimbanques, et si c'est l'époque de la foire. Dupanloup écrit sur l'ardoise que la comtesse porte pendue au cou : «Ce ne sont pas des saltimbanques, c'est la famille impériale. » La comtesse Catarina Si-fa-la-Barba de Chambord est très-étonnée. Et, dans un coin, le garde-noble fait circuler son bout de cigare de la joue droite à la joue gauche avec une précision et une régularité automatiques.

LÉON XIII. — J'ai réfléchitus Le jeune hommo vatit me s_ignure unum billeto à vua de dix millo francos, et quando ille serabit super trônum Franciæ, illo payerabit à Bibi.... Bibi, c'est moisus.

LE JEUNE OREILLARD IV. — Maman, qu'est-ce qu'il faut que je fasse ?

ROUHER. — Chignez, princho, chignez che pupier (*Bas à la veuve Badingue :*) Quand chon fischcours aura produit chon effet et que nous cherons chur le trône, il pourra che fouiller.

LE JEUNE OREILLARD IV. — Mais je ne sais pas écrire...

ROUHER. — Cha n'y fait rien, prinche ; faites j'une croix.

Le jeune Oreillard IV gribouille, tant bien que mal, un paraphe au bas d'un papier que lui tend Nina. Le garde-noble, qui s'imagine que c'est fini, ouvre la porte et annonce le dernier visiteur d'une voix tonnante : « Le dompteurus Bidèlos et ses liones ! » Mouvement indescriptible dans la salle, à l'entrée de Bidel, qui paraît, tenant en laisse neuf superbes lions d'Afrique.

SCÈNE VII

LES MÊMES, PLUS BIDEL, PUIS DON CARLOS

LÉON XIII, *épouvanté*. — Vade retro, Satanas !

BIDEL. — Une simple audience... Oh ! ne craignez rien, ils sont apprivoisés... Voici ce dont il s'agit. Tous les dompteurs, si terribles qu'ils soient, finissent par être croqués par leurs bestiaux. Je désirerais, moi, m'assurer contre la morsure de mes lions, et si c'était un effet de votre bonté, si vous aviez quelque médaille miraculeuse qui puisse me préserver....

LÉON XIII, *lui jetant un vieux sou troué*. — C'est huitis francos.

Bidel donne ses huit francs. A ce moment, un des lions prend les joues pendantes de la veuve Badingue pour des morceaux de bifteck et veut en goûter. Cris de la veuve Badingue. Imprécations de Rouher. Tumulte général. Léon XIII somme Bidel de se retirer, ce que celui-ci fait sans trop se faire prier. Seulement, dans la bagarre, don Carlos est entré sans être vu de personne, et, se glissant jusqu'au pied de l'estrade, a escamoté habilement les différents troncs de Léon XIII, et la bourriche à la Mère-Cabas. Le garde-noble même, très-occupé par la mastication consciencieuse de son bout de cigare, n'a vu ni entrer ni sortir don Carlos.

SCÈNE VIII

LES MÊMES QU'AVANT L'ENTRÉE DE BIDEL

LÉON XIII, *au jeune Oreillard IV*. — Approcha-te, june homo... Et va dire aux populationes que Santa-Papa te sacravit Empereurus Françaisis... Primo d'abord et d'un, tu es, ou à pou près o, filius de tuum patrem... Ensuito après per finire, Francia troublata non peutit retrovare calmum que per tu. Mets dans ta pocha aquelo souhaitus sincéri, trou laïtou laïla, Nicola, alleluia !

Les quatre visiteurs font des salamalecs. La comtesse Catarina, intriguée, demande ce qui se passe, et Dupanloup le lui écrit sur l'ardoise qu'elle porte pendue au cou. Pendant que la comtesse lit, Dupanloup se frotte les mains avec une joie malicieuse.

CATARINA, *furibonde, après la lecture de l'ardoise*. — Comment ! c'est ainsi qu'on agit dans cette boîte ! On se moque de moi ?...

Léon XIII et Nina sont visiblement embêtés.

CATARINA, *montrant l'ardoise*. — Comment ! vous me reniez pour des saltimbanques, des farceurs ! Moi qui représente, avec mon auguste époux, la seule et respectable légitimité, la bonne monarchie, le droit divin, et tout le bataclan ! Mais ça ne se passera pas comme ça, vous savez !... Rendez-moi mes dix mille francs, et un peu vivement !

Léon XIII. — Ti vazo explicare chosem... Expecta piccolino momente....

Catarina, *qui n'entend rien*. — Rendez la grenouille, ou retirez le discours !

Léon XIII et Nina se regardent consternés.

Nina, *à Léon XIII*. — Est Dupanloupus qui habet vendutis la mècham.

Catarina. — Rendez la grenouille !.... (*Exaspérée, elle saute sur la ceure Badingue et la griffe d'importance. Celle-ci, pendant ce petit crépage de chignon, laisse échapper... ce que la décence nous empêche de nommer. On sépare les combattantes.*)

Léon XIII. — Quales sunt ces soni si sourdos qu'on ne saitit si c'en sunt ?

Rouher. — Quels chont ches chons chi choura qu'on ne chait chi ch'en chont ?... Je vas vous dire... Nous chommes en carême, et alors...

Catarina, *revenant à la charge*. — Rendez la grenouille, nom d'une pipe ?

A ce moment, Léon XIII et la Mère-Cabas s'aperçoivent qu'on leur a subtilisé leur saint-frusquin. Nouveau vacarme. Nina a dans l'idée que le coupable n'est autre que le dompteur Bidel, lequel est venu seulement pour mettre le désordre dans l'audience et en profiter. Alors, avec toute la solennité désirable, on excommunie Bidel « usque ad dernieram chemisam ». Pendant ce temps, le garde-noble, impassible, continue à mâcher de plus en plus son bout de cigare.

Mais la disparition du magot n'a fait qu'accroître les colères. La bande impériale se retire en maugréant. Nina écrit sur l'ardoise de la comtesse que Dupanloup s'est moqué d'elle et qu'Henri V est toujours le prédilectionné du Saint-Siège. La comtesse Si-Taglia-i-Capelli de Chambord s'en va à demi rassurée. Dupanloup, qui prevoit un orage, veut s'esquiver ; mais Léon XIII le cloue sur place d'un regard sévère. Ce que c'est tout de même que la puissance du magnétisme animal !...

Léon XIII, *furibard, mais digne comme il concient à un homme qui a du nez*. — Approcha-te, Dupanloupis... Traitrus ! felonas ! tu habes débina le trucum !.. Aco meritit una vengeanciam exemplairem... Puisco tu avaibus l'ambitionibus de portare unam soutanas rougeos, avecque lou chapeautum ibidem, ego te condamno à estre, jusqu'à la finem de tuos joursi, simplus bedeoutum alla chapella expiatoiro à Parisi.... Amen !

Dupanloup se retire tout marmiteux.

SCÈNE IX

RENTRÉE DES LOURDAUDS GUÉRIS

Les lourdauds arrivent tous pêle-mêle. Ils ont avalé les vieux jus de cautères de Pie IX et ont été radicalement guéris. Seulement les infirmités des uns ont passé sur les autres, et réciproquement. Les bossus sont devenus boiteux, et les boiteux bossus ; l'hydropique est vidé, mais a gobé la danse de Saint-Guy ; le décapité a la tête à l'envers. N'importe, ils sont tous contents et chantent en chœur :

> Nous sommes guéris, nous nous portons bien ;
> Nous n'avons plus rien ! nous n'avons plus rien ! } bis.

Léon XIII. — C'est huitis francos.

Les lourdauds. — Mais nous avons payé déjà !

Léon XIII. Ça n'y faitit rienum.... Aujourd'huiter, on payat en entrantis et en sortantibus.

Les lourdauds y sont encore de leurs huit francs et se mettent en devoir de se retirer. Le garde-noble pose son bout de cigare sur un angle de la cheminée et s'avance vers l'estrade.

Le garde-noble. — Santa-Papa, croyete-vos pas que ce seraitit le momentus de mi donnure à-comptum promisos ?

Léon XIII. — Mi caro, demainus.... Aujourd'huiter, j'avaibo faitus unam mauvaisam journéïum.... Pas seulamenter deux cent francos, à causo de cettus voleuri de Bidelo !.. Est pitoyablissimus !

En s'en allant, un lourdaud aperçoit le bout de cigare.

Le lourdaud, *s'approchant du garde-noble et lui parlant à l'oreille.* — Qu'es aco ?

Le garde-noble, *inspiré et confidentiellement.* — Est unum c'iquam de Santa-Papa.

Le lourdaud, *la main au gousset.* — Combien ?

Le garde noble. — Centus francos.

Le lourdaud aboule les cent francs et emporte précieusement le vieux bout de cigare.

Le garde-noble, *empochant le quibus et se mettant tout d'un coup a parler français.* — C'est toujours ça !....

***

CONNAISSEZ-VOUS SAINT BERNARDIN ?

—

Connaissez-vous saint Bernardin ?

Non. — C'est dommage.

Si vous avez une fistule à l'anus, je vous certifie que vous perdez à ne pas connaître saint Bernardin.

C'est lui qui, parmi les habitants du paradis, s'est constitué le protecteur des trous-de-balle.

En effet, s'il faut en croire la correspondance italienne du *Temps*, l'autre jour, le pape Léon n° 13 a présidé pour la première fois, dans la salle du Trône, une séance de la congrégation des rites. Il s'agissait de savoir si l'on devait faire passer un jésuite, appelé de son vivant Bernardin Realini, du rang de Vénérable au rang de Bienheureux. Or, pour être proclamé Bienheureux, ainsi l'ont décidé les conciles, il faut avoir fait deux miracles avérés.

Et voilà que Bernardin, jusqu'à présent, n'avait pas beaucoup fait parler de lui. Mais les jésuites tenaient à ce que Bernardin fût fourré dans la phalange des bienheureux. Il fallait à tout prix deux miracles ; c'était là le chiendent !

Léon n° 13 disait :

— Moi, je m'en bats l'œil. Si votre homme n'exécute pas ses deux miracles comme tout le monde, je lui ferme la porte du ciel au nez.

— Mais, cependant, objectaient les autres...

— Deux miracles, ou... des navets !

C'est alors que comparurent le père Cévola et le père Grassi, deux jésuites encore, cela va sans dire :

— Eh bien ! qu'avez-vous à nous apprendre ? fait Léon n° 13.

— Très-Saint-Père, répond le père Cévola, j'avais, il y a quelque temps, le trou-de-balle dans un état pitoyable. Figurez-vous que j'étais affligé d'une fistule !...

— En effet, cela devait beaucoup vous gêner.

— A qui le dites-vous, Très-Saint-Père ?... Quand je mangeais des abricots, si j'avais le malheur d'avaler les noyaux, le lendemain c'était pour moi un supplice atroce. Dès le premier effort...

— Oui, passons sur les détails.

— Enfin, c'était pire que le chemin de la Croix. Par bonheur, un jour que je me trouvais précisément sur le lieu de mes souffrances, tenant à la main une page d'un vieux bouquin de piété, j'y lus par hasard le nom de notre vénérable Bernardin. Une inspiration me vint de là-haut, et je résolus de faire une neuvaine à notre cher frère en saint Ignace. Inutile de vous dire que ça m'a très-bien réussi ; la fistule a parfaitement disparu. Vous pouvez d'ailleurs, Très-Saint-Père, mettre le doigt dans la plaie... pardon, je veux dire examiner l'endroit où fut la plaie ; car aujourd'hui il n'en reste plus que la cicatrice.

— Très-bien... Et vous, père Grassi, qu'avez-vous à dire ?

— Mon Dieu, Très-Saint-Père, mon histoire est exactement celle du frère Cévola.

— Quoi ! encore une fistule ?

— Oui, Très-Saint-Père, une fistule qui m'avait mis le trou-de-balle en compote.

— Et c'est une neuvaine au vénérable Bernardin qui vous a guéri ?

— Aussi vrai qu'en ce moment je vous présente mes respects.

— Bien vrai ?

— Parole d'honneur !

— Laquelle ?

— Ma parole d'honneur la plus sacrée !

— Ça suffit, je vous crois.

Et voilà comment Bernardin Realini a été promu au grade de Bienheureux.

D'après les miracles par lesquels il s'est révélé, cet excellent saint Bernardin, cela est sûr, n'opérera que sur les trous-de-balle. Ce sera sa spécialité, à ce saint-là, tout comme saint Benoît Labre a la spécialité de guérir de la gale et saint Antoine celle de faire retrouver les objets perdus.

Que ceux qui ont des fistules fassent des neuvaines !

Quant à ceux dont le trou-de-balle n'est orné que de simples hémorrhoïdes, ils voudront bien avoir la bonté d'attendre que la congrégation des rites ait déniché un saint à leur intention.

LA SACRÉE DÈCHE D'UN CŒUR SACRÉ

Eh bien ! vous savez, le Cœur Sacré de Jésus n'est pas content ; il est bigrement ennuyé, le Cœur Sacré de Jésus.

A Lourdes, par exemple, ça va... Oh ! à Lourdes c'est une bénédiction. Mais il paraît que pour le Cœur Sacré de Jésus, de Montmartre, ça ne va guère ; ou, pour mieux dire, ça ne va pas.

Allons-y d'une larme, pour prouver à ce bon Cœur Sacré de Jésus, que nous compatissons à ses chagrins, à ses petits bobos. Pauvre chéri, va !

Figurez-vous que le Cœur Sacré de Jésus s'est fourré dans la calebasse l'idée de se faire élever une chapelle à Montmartre. Dans les premiers temps, ça marchait assez bien ; les souscriptions donnaient ; il y avait de l'espoir. Aussi, est-ce avec un grand fla-fla que le Cœur Sacré de Jésus a jeté les fondations de sa ch' pelle.

Mais, va te promener la baraque n'avait pas un étage que patatra ! les sou. cripteurs ont commencé à se faire rares. Au second étage, il n'y en avait plus, et voilà mon infortuné bijou de Cœur Sacré de Jésus qui est maintenant sans toiture, obligé de coucher à la belle étoile.

Quelle dèche, mon Sacré-Cœur !

L'autre jour, donc, les amis du Cœur Sacré de Jésus se sont donné rendez-vous chez l'un d'entre eux, et l'on a examiné la situation dans toute sa triste nudité.

Voici quelques-unes des lettres dont le président a donné lecture à l'auguste assemblée :

Cœur Sacré de Jésus !

Vous n'êtes pas gentil, mais là, pas du tout.

Je vous ai demandé de guérir ma pauvre maman qui était malade. Le médecin disait qu'il ne fallait pas désespérer. Moi, qu'est-ce que je désirais ? que vous hâtiez son retour à la santé.

Je vous avais envoyé cinq francs pour ça.

Maintenant, ma pauvre maman est à l'agonie et les médecins l'ont condamnée.

Cœur Sacré de Jésus !

On n'agit pas de la sorte envers des petites filles comme moi, qui aiment bien leur pauvre maman et qui ont toutes les peines du monde à mettre cinq francs de côté.

Cœur Sacré de Jésus !

Non, tenez, ce n'est pas chic de votre part. J'aime mieux vous le dire tout de suite.

En ai-je fait des neuvaines pour gagner mon procès ! vous en ai-je fourré des pièces de dix sous au bassin !

Et cependant, c'est mon adversaire qui a gagné !

Il est vrai qu'il avait raison ; ça, on ne peut pas en disconvenir. Mais, je vous le demande un peu, vous aurais-je imploré, si mon procès avait été bon ?

A votre place, Cœur Sacré de Jésus, je rougirais et n'oserais plus paraître sur le pavé à l'époque des processions.

Rodolphe est toujours insensible.

J'ai beau lui faire de l'œil, ça ne prend pas.

Hier, à la messe, j'ai toussé de toutes mes forces pendant l'élévation, afin qu'il me remarquât. Ah ! ouiche ! il n'a pas cessé de tenir les yeux fixés sur Mlle Blanche de Pontcastel, cette petite pimbêche qui fait sa mijaurée parce qu'elle est à marier et qu'elle a une dot de quatre cent mille francs.

O Cœur Sacré de Jésus !

Vous n'êtes pas raisonnable. Ça ne vous coûtait absolument rien de diriger sur moi la pensée de Rodolphe, et vous ne l'avez pas fait.

Pourtant, qui vous a brodé une belle bannière à franges d'or, cet été ? N'est-ce pas votre petite comtesse ?

Et notez bien que si Rodolphe avait voulu m'aimer, mon mari n'en aurait jamais rien su.

Ah ! Cœur Sacré de Jésus ! Cœur Sacré de Jésus ! il fera chaud quand vous aurez encore un sou de moi !

*
* *

Je ne sais vraiment pas pourquoi, Cœur Sacré de Jésus, j'ai été assez naïf pour vous envoyer un louis il y a trois mois.

On m'avait vanté votre puissance ; mais je vois qu'il vaut mieux s'adresser au docteur Ricord qu'à vous.

Cœur Sacré de Jésus !

Laissez-moi vous dire que vous exercez sans l'autorisation de la Faculté et que, par conséquent, vous tombez sous le coup de la loi, et si l'on vous tolère, c'est à l'égal des somnambules et autres charlatans.

Cœur Sacré de Jésus, vous vous êtes moqué de moi. Aussi, je vous préviens que, si avant demain matin onze heures vous ne m'avez pas rendu mes vingt francs, je déposerai dans la soirée une plainte contre vous pour exercice illégal de la médecine.

*
* *

Il y avait quelque chose comme cinq à six cents lettres dans ce style.

Les amis du Cœur Sacré faisaient un nez de plusieurs kilomètres.

Le président, homme sensé, dit : — « Mes petits agneaux, le Cœur Sacré de Jésus nous a mis dans le pétrin. Nous avions eu confiance en lui, et il a trahi notre confiance comme vous le voyez. Je propose de lâcher d'un cran le Cœur Sacré de Jésus, et de dénicher quelque culte ayant plus d'influence sur les masses, quelque culte plus productif.

Un orateur conseilla d'attendre encore six mois. Qui sait ? d'ici là, le zèle des fidèles pourrait se ranimer.

Enfin, après une longue discussion et une mûre délibération, l'auguste assemblée a décidé que, si dans six mois les souscriptions ne se remettaient plus à pleuvoir, on planterait là le Cœur Sacré de Jésus et sa chapelle, qu'on laisserait celle-ci sans toiture, et qu'on en ferait un cirque où les cléricaux se mangeraient entre eux; ce qui rappellerait la glorieuse époque des martyres, où les chrétiens étaient livrés aux bêtes.

MON PREMIER CIGARE

Le premier cigare que j'ai fumé de ma vie m'amena à commetttre involontairement un sacrilége. Si vous êtes curieux de savoir comment quelques bouffées de fumée bleue peuvent pousser un enfant de neuf ans à profaner un autel, lisez le récit suivant :

Dans ma jeunesse, à ce qu'il paraît, j'avais, ainsi que mon frère aîné, un goût très-prononcé pour les choses saintes : l'apparat religieux, la pompe des cérémonies ecclésiastiques, le mystère de certaines pratiques pieuses, tout cela nous avait séduits ; aussi, du matin au soir, mon frère et moi, nous disions la messe et chantions les vêpres à la maison, au grand ennui des voisins que notre saint vacarme assourdissait.

Au fond du jardin, notre père nous avait construit une grande chapelle en bois, de la hauteur d'un premier, dans laquelle se trouvait un autel identiquement fabriqué sur le modèle de ceux des églises, et une sorte de petit galetas dont le paternel architecte avait fait son grenier aux débarras. La chapelle était assez vaste et pouvait contenir une dizaine de personnes ; l'autel, avec ses trois marches, ses longs chandeliers en bois peint, son tabernacle recouvert de dorures, avait un certain aspect majestueux, surtout quand mon frère officiait, et que, moi, agenouillé sur les gradins, je lui relevais le bas de sa chasuble et lui agitais ma sonnette d'enfant de chœur derrière le dos : dans le principe, nos costumes sacrés de prêtre, diacre, sous-diacre, etc., étaient fabriqués avec des numéros de *l'Univers* (le seul journal qu'on recevait à la maison), que nous collions les uns aux autres et dans lesquels nous taillions des ornements de toute espèce ; mais, quand une fois nos parents se furent bien convaincus que le goût des offices divins était très-profondément enraciné en nous, ils prièrent tante Joséphine, qui était marchande d'objets d'église, de nous confectionner des chasubles, soutanes, surplis et autres vêtements sacerdotaux en étoffe « pour de vrai », ce qui fut fait. Je vous laisse à penser si nous étions heureux !

Toute la journée, c'étaient des prédications en plein air, où mon frère ou moi nous nous égosillions à crier dans le vide tout ce que nous avions entendu au prône et au sermon du dimanche précédent ; cela du haut de la caisse de lavoir qui, appliquée en sens inverse contre un mur du jardin, avait de vagues apparences de chaire. Et quels discours, mes amis Jamais prédicateur de carême, parlant des tourments de l'enfer, ne se démena avec autant de feu que moi au milieu de ma caisse à lavoir. Ah ! il fallait m'entendre quand je prêchais sur mon verset prédilectionné de l'Evangile : « Maudit soit celui qui dira à son frère *Raca* ! » Je ne comprenais pas du tout ce que pouvait signifier *Raca ;* mais je me disais que *Raca* devait être la suprême injure puisqu'il suffisait de la prononcer pour être voué aux flammes éternelles. D'ailleurs *Raca* m'avait frappé, et, je dois l'avouer, j'abusais beaucoup de *Raca* dans mes sermons. *Raca* par-ci, *Raca* par-là, le tout entremêlé de citations latines : « *Deus in adiutorium,* mes frères !... *Rosa,* la rose, *rosæ,* de la rose, *cum principibus!...* Entendez-le bien, mes frères, *cum principibus ! Pibus !* surtout même dans la colère, ne vous laissez jamais aller à dire *Raca* à votre prochain ; sans cela, les portes de l'enfer s'ouvriraient sur vous... Toujours ! jamais ! *de populo barbaro et in sæcula sæculorum* .. Amen. » J'étais pathétique : si j'avais eu un auditoire, je l'aurais remué, terrifié ; car en prononçant les mots mystiques de *pibus* et de *barbaro,* je promenais autour de moi des regards étranges, et j'accompagnais mes éclats de voix d'un roulement de formidables coups de poing exécuté sur le rebord de ma caisse à lavoir.

Quand il y avait une ouvrière en journée à la maison, je l'accaparais ; je ne lui laissais aucun répit. D'abord je commençais par installer à côté de sa chaise un immense paravent auquel j'avais fait un trou, et puis, très-sérieusement je la confessais : « Qu'avez-vous fait, ma fille ?... Voyons, n'ayez pas honte... Pensez que vous parlez au représentant du Dieu de miséricorde... Ne suis-je pas votre père ? Ah ! ce péché-là est très-grave !. . Vous avez, dites-vous, graissé votre canule ?... et vous avez pris un lavement de la sorte ? un vendredi ?... Mais c'est très-grave, mon enfant, c'est très-grave ! Songez donc que vous avez fait gras !... Cependant, ne désespérez pas, ne vous lamentez pas ainsi, la bonté divine est incommensurable ! Baissez la tète, quittez votre aiguille pour un instant, faites *med culpâ...* Mais laisse donc ton aiguille, Augustine, ou tu vas te piquer en faisant ton acte de contrition... Comme cela, c'est bien... La grâce descend sur vous... Allez en paix ! » Alors, je passais la main à travers le trou de mon paravent et ma pénitente recevait l'absolution.

Une fois Augustine remise en état de grâce, j'allais à la chapelle, je prenais dans le tabernacle un ciboire rempli de gros pains à cacheter blancs et, revêtu d'une chasuble, je venais solennellement lui donner la communion ; comme mes pains à cacheter étaient quatre fois plus petits que les hosties ordinaires, j'en faisais avaler toute une collection à l'ouvrière complaisante ; puis, je descendais au sous-sol où j'essayais de persuader la lessiveuse. Celle-ci, dont la foi était moins robuste que celle de mes autres ouailles, n'acceptait le pain céleste qu'en rechignant et après que j'en avais moi-même avalé cinq ou six pour lui prouver que ce n'était pas une farce ; souvent même, trouvant à mon hostie un goût

trop fade, elle la crachait. Horreur! alors, rempli d'une sainte
furie, j'allumais un cierge, je le faisais brûler horizontalement
selon le *rituel* papal, et, chantant d'une voix tragique les
prières des morts, j'excommun ais la blanchisseuse sacrilége
jusqu'à sa dix-septième lessive.

Il faut dire que j'avais un penchant tout particulier pour
les cérémonies lugubres. Tous les jours, je procédais à des
enterrements de poupées et même de tabourets. Je prenais
un des tabourets de paille de la salle à manger, je le couchais
à la renverse sur un catafalque dans la chapelle, j'éclairais
à l'entour deux douzaines de bougies, et, costumé de noir, je
psalmodiais des chants funèbres. De loin, avec beaucoup de
bonne volonté, on pouvait prendre ce tabouret avec ses quatre pieds en l'air pour un cadavre installé dans une chambre
ardente. Après l'absoute, au moyen des quatre clochettes de
notre clocher (car notre père nous avait construit un clocher,
en binis, sur un des côtés du toit de la chapelle, taillé en
biseau comme un toit de chalet suisse), je faisais une musique infernale, un carillon diabolique, que j'appelais respec-
tueusement « le glas ».

Au dîner, ma mère disait en s'asseyant à table:

— Mais où a-t-on trempé ce tabouret? il est mouillé comme si on l'avait saucé dans le bassin.

— Je vais te dire, maman; c'est que le tabouret est mort
ce matin; et à l'enterrement, il a bien fallu que je lui jette
de l'eau bénite avec l'aspersoir.

Je poussai si loin cette rage funèbre, qu'un jour j'enterrai
très sérieusement dans un coin du poulailler un beau polichinelle en soie qu'on avait donné à mon frère aîné pour ses
étrennes. Ce séjour de quelques heures dans la terre humide
ayant détérioré le jouet, mon frère m'administra une râclée;
je me défendis comme je pus, je m'oubliai au point de lui
dire *Raca*, et le soir je refusai de l'accompagner au viatique.
Ah! je vous jure que ce fut pour moi une belle privation;
car mon plus grand bonheur était de sonner avec la grosse
cloche par l'escalier de la maison, quand, mon frère et moi,
nous allions administrer l'extrême-onction à tous les locatai-
res de papa.

Du jour où j'avais traité de *Raca* mon frère aîné. je fus
perdu; Dieu m'abandonna, et le diable (je ne vous conte pas
une craque) prit possession de mon âme.

Un jeudi, après dîner, le feu prit aux rideaux de la chapelle, pendant qu'en compagnie d'enfants du voisinage je
baptisais la poupée de ma petite sœur. Première manifestation de la colère divine.

Le dimanche suivant, toujours après le dîner, Satan entra
tout à fait en moi. Vous allez voir. Ce jour-là, mon grand-
père était venu passer la journée à la maison, et comme il
était un fumeur passionné, au contraire de mon père qui ne
pouvait supporter une simple bouffée de cigarette, il avait
apporté toute une provision de trabucos. Mon grand-père

fumait jusqu'à trente et quarante trabucos dans un seul jour.

— Tu vois ces cigares, me dit Lucifer à l'oreille. Eh bien!
si tu étais un homme, tu en fumerais un.

— Certainement que je suis un homme! répondis-je.

— Alors chipe un trabucos à grand-père, il ne s'en aper-
cevra pas, et va le fumer au jardin.

Quand Satan pousse la familiarité jusqu'à vous dire:
«chipe», terme tout à fait de collège, c'est une preuve que
Dieu vous a bel et bien abandonné. Je suivis donc le conseil
du tentateur. Je dérobai adroitement un trabucos à mon
aïeul, et je sortis au jardin, sous prétexte de me livrer à quelques exercices gymnastiques: le bruit court, vous le savez,
que la gymnastique facilite la digestion. J'avais allumé à la
dérobée le cigare, et, tout en exécutant des rétablissements
aux parallèles, au trapèze et aux anneaux, j'allais de temps
en temps tirer quelques bouffées derrière un massif de lilas.

— Prends garde à toi! me souffla Lucifer, on peut te voir
du salon, ton frère n'a qu'à laisser un moment sa tasse de
café et à venir faire un tour au jardin, il te surprendra, et,
qui sait? pour se venger de l'enterrement de son polichinelle,
il « cafardera ».

— Il cafarderait, mon frère?

— Oui, pour te faire une niche.

— Comment alors dois-je m'y prendre pour ne pas être
surpris?

— Va te cacher dans la chapelle. Là, tu pourras fumer en
parfaite sécurité. Si tu entends venir quelqu'un, tu auras toujours le temps de renfermer ton trabucos dans le tabernacle.
Et puis tes cabrioles sur le trapèze ont remué ton dîner dans
les entrailles, tu n'es pas encore habitué au cigare, tu
éprouves quelques nausées, ton gosier est sec, tu te rafraî-
chiras un peu et tu feras redescendre ton repas avec le vin
blanc des burettes.

— Mais c'est affreux, ce que tu me conseilles là, Satan!...
c'est tout simplement un sacrilège.

— A ton aise, puisque tu le prends comme ça.

J'étais sur le trapèze, me livrant à une gymnastique effré-
née. Je sentais mon cœur qui faisait des bonds dans ma
poitrine. Derrière le massif de lilas, le trabucos, posé au
bord d'une pierre rouge, laissait monter vers le ciel une large
spirale de fumée bleue. Grand-père vint à ce moment appli-
quer sa bonne et placide figure contre la vitre du salon : il
me sembla qu'il regardait du côté des lilas; j'eus peur d'être
découvert. Mais non, il retourna à son café... Quelle frayeur
j'avais eue tout de même!

— La prochaine fois, il te pincera, murmura Lucifer.

— Tu as raison, Satan, je vais à la chapelle.

Au bout de dix minutes, criminellement accoudé sur la
table même de l'autel, je finissais de vider les burettes de la
messe. J'avais la tête lourde, j'éprouvais du malaise, je
regardais d'un œil trouble mon cigare qui s'éteignait. Devant

moi, j'apercevais, confusément il est vrai, mon tentateur qui me disait d'un air narquois :

— Eh ! eh ! mon garçon, tu as peur de finir ton cigare... tu n'es pas un homme.

— Je ne suis pas un homme, moi ! moi qui vais passer en septième ! .. Je ne suis pas un homme !...

Et, prenant le bout du trabucos à demi éteint, j'aspirais fortement la fumée, cette fumée âcre et nauséabonde du cigare presque fini. Aussitôt mon cœur se souleva ; je jetai un coup d'œil du côté de la burette, il n'y avait plus dedans une goutte de vin blanc ; la tête me tourna, je pris mon front dans mes mains, je m'appuyai plus fortement que jamais sur la table sucrée, je sentis un frisson par tout mon corps.... et je profanai l'autel.

Le lendemain, je lavai secrètement la nappe à festons bleus et roses, et personne ne connut jamais mon sacrilège. Néanmoins, depuis cette aventure, j'appartiens corps et âme à Satan.

DU FRÈRE BAJULE AU PÈRE CRÉBACIEN

Mon révérend Père,

Je vous en supplie, puisque vous n'êtes pas sans influence auprès du conseil de l'ordre, obtenez qu'on ne nous inflige plus en entrant en religion des noms aussi burlesques que ceux dont on nous accable.

Vous vous appelez père Crébacien, mon révérend. Eh bien ! ne vous est-il jamais arrivé de vous dire qu'avec ce nom vous pourriez bien un jour ou l'autre coucher à la rue ?

Crébacien, quelle horreur ! C'est comme moi, Bajule.

Et nous ne sommes pas des plus mal partagés encore parmi les ignorantins, à qui nos supérieurs ont colloqué des pseudonymes stupides.

Dans ma paroisse, il y a frère Miché et frère Galapiandre, sans compter frère Veroccus, frère Cryptogame, frère Marcassor et frère Carpinas !

Quel prestige voulez-vous que nous ayons aux yeux des mécréants avec des noms pareils ?

Franchement, mon révérend Père, le conseil de l'ordre devrait décréter que dorénavant, si nous sommes tenus de changer de nom en prenant la soutane d'ignorantin, on ne pourra pas nous en infliger qui soient de nature à faire hurler les chiens.

Pour moi, je vous en fais le serment, si l'on ne me débarrasse pas de Bajule, je jette le froc aux orties.

Figurez-vous, mon révérend, que je cultive une jeunesse à qui j'ai tapé dans l'œil. Nous nous adorons comme deux tourtereaux. Ce n'est pas très-régulier, ça ; mais, bast, ça vaut mieux que de s'attaquer aux petits garçons comme font tant d'autres ; et puis personne n'en sait rien, de sorte que les apparences sont sauvées. Eh bien ! vous ne le croiriez pas, mon révérend, il y a une chose qui me vexe : c'est que ma bonne amie, quand nous nous becquetons et que dans un transport d'ivresse amoureuse elle me dit : « Ah ! Bajule ! Bajule ! »..., crac ! tout d'un coup elle part d'un éclat de rire, et vous comprenez que ça ne peut pas aller comme ça.

Mon révérend Père, je vous en conjure, prenez mes intérêts et ceux de la corporation. Décrébaciennez-vous, débajulez-moi, et je me dirai plus que jamais

Votre dévoué,   FRÈRE BAJULE.

UN PROPHÈTE PAS VEINARD

Eh bien ! vous direz ce que vous voudrez, moi, j'aime Lazaretti ; Lazaretti me plaît, je n'ai même qu'un regret : c'est que Lazaretti ait été tué par les gendarmes de Victor-Emmanuel fils.

Mais vous ne connaissez peut-être pas l'histoire de Lazaretti. — Non, n'est-ce pas ? — Alors je vais vous la raconter.

Lazaretti était un ancien charretier qui vivait

encore ces derniers temps à Arcidosso, en Italie. C'était un de ces types qui

> Adorent le macaroni
> Et l'ouvrag' quand il est fini.

Un homme charmant, quoi! Pas du meilleur monde, mais charmant! Vous allez en juger plutôt:

Un beau matin, Lazaretti, de son petit nom David, s'était imaginé qu'il était le septième fils du troisième enfant d'Adam, et que Dieu l'avait envoyé sur la terre pour la rédemption du genre humain. Et là-dessus le voilà qui se met à prêcher un nouvel évangile. Il paraît même qu'il ne blaguait pas mal et qu'il avait l'air plus convaincu que M. de Mun.

Puis, il était impossible de douter de sa mission divine. Lazaretti portait sur le front un tatouage représentant une croix entre deux parenthèses. C'était saint Pierre lui-même qui l'avait marqué de ce stigmate par une faveur toute spéciale. Et, vous savez, quand un pékin, qui est le septième fils du troisième enfant d'Adam, porte sur le front une croix gravée par saint Pierre, il n'y a pas à renâcler ; cela prouve d'une manière indiscutable que le pékin en question est un envoyé de Dieu.

Seulement, les gens de la secte catholique, le pape en tête, prétendaient que Lazaretti était un imposteur, et Léon n° 13, comme un gros jaloux qu'il est, défendait aux Italiens, sous peine de damnation éternelle, de lire les opuscules que Lazaretti distribuait pour convaincre le public de la divinité de sa mission.

Ce que c'est que la jalousie de métier !

Voilà un prophète que Dieu avait envoyé sur la terre, à qui saint Pierre avait fait de la décalcomanie sur le front, qui allait nous régénérer cette vieille religion où l'on n'enseigne plus qu'un tas de bêtises, un prophète, en un mot, qui ne demandait qu'à faire son petit chemin. Et, patatra ! monsieur le pape, qui voit là une concurrence dangereuse, déclare très-sérieusement que l'Église n'est pas au coin du quai et que c'est lui, Léon n° 13, et non l'autre, Lazaretti, qui est le représentant de Dieu.

Moi, je me demande pourquoi le roi d'Italie, que l on donne cependant comme libéral, a pris parti pour Léon n° 13 plutôt que pour Lazaretti.

Si j'avais été à la place d'Humbert 1er (ne pas confondre avec l'amnistié de ce nom, j'aurais fait venir les deux soi-disant représentants du Christ, je les aurais fourrés chacun dans une bonne marmite d'huile bien bouillante, comme on faisait au bon vieux temps du jugement de Dieu, et je leur aurais dit :

—Maintenant, mes petits agneaux, que celui qui vous a envoyés sur la terre vienne vous retirer de la marmite sains et saufs. Nous allons voir lequel de vous deux est un blagueur.

Je suis persuadé, moi, que, si papa Jéhovah avait dû se déranger pour quelqu'un, ç'aurait été en faveur de Lazaretti.

A vrai dire, l'autre, son concurrent, qui a eu la chance d'être soutenu par les gendarmes du roi Humbert, ne m'inspire pas une grande confiance. Il a beau avoir un gros nez, je crois que c'est un farceur de fort calibre qui a su en imposer parce qu'il est un monsieur très-chic, tandis que Lazaretti n'était qu'un malheureux charretier. Aussi est-ce Lazaretti dont on a fait un martyr.

Mais c'est toujours comme ça. Voyez plutôt Jésus-Christ, qui était, lui aussi, un pauvre diable et qu'on a cependant crucifié. Tant que le monde durera, tant que la terre tournera, comme on dit dans *La Périchole*, on escoffiera les Jésus et les Lazaretti, pendant que les Caïphe et les Léon XIII mangeront, boiront et dormiront bien. Ça, voyez-vous, c'est réglé comme du papier à musique.

Léon n° 13 ordonne le célibat aux prêtres, ce qui, entre parenthèses, produit de jolis résultats; Lazaretti, plus moral au contraire, disait à son monde, ainsi que le Christ : « Croissez et vous multipliez ! » Léon n° 13, qui met sous pieds les doctrines socialistes de l'Evangile, est un partisan fanatique de la propriété, parce que l'Église possède aujourd'hui d'innombrables biens mobiliers et immobiliers, et particulièrement approuve l'article du code civil qui consacre l'hérédité, parce que de nos jours la captation est poussée chez messieurs les jésuites aux dernières limites de l'art ; Lazaretti, lui, au contraire, prêchait la renonciation aux biens de ce monde, l'abandon des droits héréditaires, le partage des biens et toutes les doctrines de ce genre que pratiquaient les premiers chrétiens, si différents des derniers, — car, espérons le, nous avons en ce moment les derniers.

Il est facile de le voir, il y avait entre Léon n° 13 et Lazaretti une jolie différence, différence tout à l'avantage de Lazaretti, si l'on se place au point de vue des enseignements de l'Evangile. C'est peut-être même pour cela que Sa Sainteté monsieur le pape a réclamé l'extermination de son concurrent.

A cette heure, Lazaretti a cassé sa pipe, comme on dit au Vatican. Les carabiniers d'Humbert (ne pas confondre avec l'amnistié) et les partisans de la religion nouvelle se sont cogné le melon, à Arcidosso : on s'est frictionné, je ne vous dis que ça. Bref, il y a eu deux morts, parmi lesquels Lazaretti, et douze blessés, au nombre desquels quatre agents de police.

Mais tout cela ne prouve pas que c'est Léon n° 13 qui avait raison. On sait qu'il n'y a que Mahomet, parmi les prophètes, qui ait été réellement un veinard.

Une simple observation pour terminer :

Pourquoi les gouvernements viennent-ils toujours mettre le nez dans les querelles entre religions ?

En France, grâce à nos possessions algériennes, l'Etat reconnaît quatre religions : la secte protestante, la secte israélite, la secte musulmane et la secte catholique. Ces quatre religions cependant se contredisent complétement les unes les autres, chacune prétend qu'elle est la seule vraie et que hors d'elle on est damné, c'est-à-dire condamné à des supplices éternels, plus terribles que la lecture de l'*Univers*. Donc, sur nos quatre religions d'Etat, il y en a au moins trois qui sont stupides et fausses. Laquelle a un peu plus que les autres des chances de ne pas être une vaste fumisterie ? L'Etat n'en sait rien, puisqu'il les protége toutes indistinctement.

Or, moi, Bibi soussigné, je possède un chat superbe, un matou qui est le modèle des matous. Il est jaune, porte la queue droite et raide comme un cierge, ne vole presque jamais, s'amuse avec tous les morceaux de chiffons qu'il trouve et avec toutes les boulettes de papier que je prends la peine de lui confectionner, et, avantage inappréciable, est gratifié du nom harmonieux de *Monsieur Guignolet*.

Supposons que demain la toiture de mon troisième étage s'entr'ouvre et que Dieu lui-même descende d'un nuage et vienne me dire :

— Ton chat est mon fils. Je constitue trois Dieux en un seul. La troisième de mes personnes, à partir d'aujourd'hui midi trente-cinq, s'incarne dans Monsieur Guignolet. Adore donc ton matou et fais-le adorer aux populations. C'est mon verbe fait chat. Va désormais prêcher aux gentils la parole nouvelle.

Voilà une chose qui, au premier abord, peut paraître impossible. Néanmoins, en rappellant ses souvenirs, on voit qu'il en est arrivé bien d'autres plus raides qui ne sont pas contestées.

Supposons en conséquence que, possédé par l'inspiration d'En-Haut, je me mette à battre la campagne, présentant à droite et à gauche mon chat en disant : « Inclinez-vous devant Monsieur Guignolet ; c'est le Verbe de Dieu. » Supposons que je fonde un nouveau culte dans lequel, en guise de communion, on boulotterait tous les dimanches, non pas des pains à cacheter, mais un bon lapin en civet, agréable holocauste au Seigneur. J'ai la plus ferme conviction qu'en moins d'un mois j'aurais réuni autour de moi une foule énorme de disciples, et que l'enthousiasme pour la nouvelle religion serait tel que la plus belle partie de mon temps se passerait à baptiser les catéchumènes au nom du Père, du Fils et du Chat.

Or donc, ô vous qui me lisez, si vous avez une main, mettez-la sur votre conscience et dites-moi :

— Est-ce que notre gouvernement qui n'est pas un gouvernement de curés, n'est-ce pas? et qui a même la prétention de nous accorder toutes sortes de libertés, est-ce que notre aimable ministère ne s'empresserait pas de me coffrer et de couper le cou à mon pauvre Dieu ?

Vous répondez tous en chœur: — Parbleu !

Eh bien ? tenez, ce n'est pas juste. En Italie, on a canardé Lazaretti ; en France, on me satoryserait.

Tout cela prouve que, quoi qu'on dise, la secte catholique domine toujours ceux qui sont chargés de nous gouverner ; car, enfin, Lazaretti était peut-être réellement un prophète, et qui sait si mon chat n'est pas le vrai bon Dieu ?

LA ROTULE DE SAINT TRUPHÉME

Connaissez-vous Saint-Truphéme ?

C'est un charmant petit village, situé sur les bords de la Méditerranée. Pour toute végétation, on n'y rencontre que des oliviers et des pins ; en quelques endroits pourtant, sur les coteaux que domine le château de mademoiselle Célestine de la Breloquière, des vignes assez maigres, entremêlées de plants de blé. Mais, malgré la teinte poussiéreuse qui est la couleur locale, malgré les cailloux pointus qui sont comme le pavé mouvant et désagréable de tous les chemins, Saint-Truphème est une commune qui ne manque pas d'attraits. Excessivement pittoresque, d'abord... des sites ravissants... et puis, quel bon air pur !... cet air qui est formé des parfums sauvages de la campagne et de la fraîche brise de la mer.

Le village tire son nom de son fondateur et patron, Truphémius Castor, qui figure dans le martyrologe sous le nom de saint Truphème. S'il faut en croire la légende, ce Truphémius Castor était un ancien capitaine de pompiers romain, qui, dégoûté du paganisme et exilé par l'empereur Commode, — lequel, par parenthèse, ne l'était pas du tout, — s'en vint planter la foi et la vigne dans ce petit coin ignoré des Gaules. Ayant trouvé des habitants encore entichés du dieu Teutatès et de la déesse Tarann, il les convertit au christianisme et leur fit abandonner la cueillette du gui sacré pour la culture plus fructueuse de la vigne. Malheureusement, Truphémius Castor, à l'instar de son ancêtre Noé, se piquait volontiers le nez ; et un soir que, dans le cabaret de l'endroit, il s'était pris de querelle avec un ancien druide dont il avait ruiné le commerce et qui l'accusait de jouer avec des dés pipés, il reçut de son peu endurant partner un coup d'escabeau qui l'étendit raide. L'ex-druide fut banni du village, et, deux ou trois siècles après, Truphémius Castor, le capitaine des pompiers retraité, fut canonisé par le pape Innocent II, sous la rubrique : « martyr de la foi ».

Comme on le voit, saint Truphème est un grand saint. Son précieux souvenir s'est transmis de générations en générations. Sa mémoire est vénérée dans le village qu'il a fondé, et, du haut du ciel, il continue à protéger ses paroissiens d'une manière tellement efficace qu'il faudrait six volumes grands comme un missel pour contenir la simple énumération du quart de ses bienfaits. Au-dessus du maître-autel de l'église de la commune, on peut admirer un superbe tableau représentant le grand saint Truphème, son casque de pompier en tête et la dague au poing, écrasant sous son pied robuste un dragon vert qui vomit feu et flamme, tandis que dans le fond un druide au regard féroce, excité par Satan, ajuste par derrière avec son arbalète le glorieux personnage : ce tableau est intitulé : *Saint Truphème, triomphateur et martyr du paganisme.*

Mais si, de son vivant, Truphémius Castor fut la providence de son village, aujourd'hui mademoiselle Célestine de la Breloquière, la châtelaine de la localité, n'en est pas moins pour ce petit pays un ange de bonté, auquel chaque Saint-Truphémien érige dans son cœur des statues d'amour et des obélisques de reconnaissance ; car, ils sont aussi innombrables, les bienfaits du mademoiselle Célestine de la Breloquière !

Ainsi, du reste, que Truphémius Castor, mademoiselle Célestine de la Breloquière n'est venue dans le pays qu'à la suite de persécutions. Issue d'une vieille famille du comtat Venaissin, la noble demoiselle, à la mort de sa mère qui lui avait fait donner une éducation des plus religieuses, s'est trouvée en la seule compagnie de trois grands païens de frères, hommes versés dans les sciences philosophiques occultes, qu'on appelle le matérialisme, le socialisme et la libre-pensée. Comment une ancienne branche, catholique dans la sève, a-t-elle pu produire ces trois rejetons vénéneux ?... Ah ! tout ça, c'est la faute à Voltaire !... Toujours est-il que mademoiselle Célestine, ne pouvant se résoudre à vivre en société de ces trois damnés, réalisa sa part d'héritage, et, ambitieuse de retraite, se rendit à Saint-Truphème, dont elle acheta le château.

Justement, le propriétaire du manoir venait de mourir quand la descendante des la Breloquière arriva dans le pays. C'était lui, Marius Tourniquet, qui avait fait bâtir le castel, à son retour de Calcutta ; car Marius Tourniquet avait fait fortune dans les colonies, et, désireux de mourir dans sa patrie, y était retourné sur le déclin de l'âge, ne ramenant avec lui en fait de famille qu'un jeune indien qu'il avait adopté. Le jeune indou, auquel papa Tourniquet ne savait rien refuser, était allé passer sa belle jeunesse à Paris, et, quand le vieux planteur était mort, il avait vendu à mademoiselle Célestine de la Breloquière le manoir dont il se souciait fort peu.

Voilà comment mademoiselle Célestine était devenue la châtelaine de Saint-Truphême. Le château d'ailleurs lui plaisait beaucoup et semblait avoir été construit pour elle, toujours ivre de solitude et de méditation. Les murs étaient épais et sombres ; une haute enceinte empêchait même les regards des curieux de plonger dans la campagne qui entourait le corps de bâtisse. En effet, Marius Tourniquet, qui était essentiellement misanthrope, restant toujours chez lui et ne recevant personne, avait tenu à avoir une demeure inpénétrable.

Néanmoins, les gigantesques murailles de la propriété de mademoiselle Célestine ne retenaient pas celle-ci au point de lui interdire de descendre de temps en temps au village pour y distribuer des secours aux malheureux

Or, voici qu'un jour, tandis que, en se promenant dans sa pinède favorite, mademoiselle de la Breloquière grattait machinalement le sol avec la pointe de son ombrelle, elle mit à découvert un objet blanchâtre semblable à un ossement humain.

C'était une rotule.

Comment cette rotule se trouvait-elle là, bien loin du cimetière ?... La châtelaine était-elle sur la trace d'un crime inconnu commis dans les siècles passés ?...

Elle descendit au presbytère et fit part de sa trouvaille à monsieur le curé. Monsieur le curé examina l'os, et déclara que, le grand saint Truphême ayant habité précisément sur la colline à une époque où il n'existait pas de cimetière dans le village, il était certain que l'ossement découvert était la rotule du glorieux martyr.

La rotule de saint Truphême fut donc envoyée à

Rome. Le pape nomma une commission de cardinaux et de naturalistes distingués qui reconnurent que l'os était effectivement une relique. Mademoiselle Célestine de la Breloquière paya quatre cents et quelques francs pour la légalisation de la précieuse rotule qui s'en revint au manoir, ornée de tous les brevets, de tous les parafes et de tous les cachets nécessaires ; puis, elle fit don du saint objet à l'église du village, afin que monsieur le curé l'exposât à la vénération des fidèles. Ce qui fut fait.

Bientôt, des miracles s'accomplirent. Les personnes qui souffraient d'une maladie quelconque au genou gauche n'avaient qu'à toucher la rotule de saint Truphême, et, huit jours après, elles étaient radicalement guéries. Par exemple, la rotule de saint Truphême était impuissante contre les maladies de la nuque, du foie, de la rate, du cœur, ou même du genou droit ; et cela prouve d'une manière irréfutable que la relique était bien la rotule de la jambe gauche du saint.

Au bout de quelque temps, le bruit de toutes ces guérisons miraculeuses se répandit dans la contrée, et de toutes parts on accourut pour venir toucher la rotule. Les miracles redoublèrent.

Les fidèles bien portants touchaient comme les autres la rotule et de toute la vie ils n'avaient plus à redouter la moindre fatigue pour leur genou gauche, ils pouvaient désormais rester des heures entières prosternés devant le saint-sacrement, toute la fatigue se porterait au genou droit ; et pour rendre son genou gauche complétement invulnérable, à l'abri de toutes les fractures à venir, on n'avait qu'à se le frotter vigoureusement avec la rotule de saint Truphême.

Tout allait donc pour le mieux avec la meilleure des rotules possibles, quand un dimanche monsieur le curé annonça à ses ouailles que dorénavant on paierait deux sous pour toucher la relique. Un mois après, le saint attouchement fut coté à cinquante centimes, puis à un franc. Ce curé était un homme positif. Malheureusement, il eut bientôt affaire à mademoiselle Célestine de la Breloquière, qui, bien que dévote, trouva que monsieur le curé exploitait un peu trop son précieux cadeau, déclara formellement qu'elle n'avait pas donné l'ossement sacré pour qu'il servît de base à une spéculation, et finalement intenta un procès au curé pour se faire restituer la vénérable rotule.

Le procès dura un an, pendant lequel le fragment de saint Truphème fut mis sous séquestre. Cette année-là, les récoltes du village furent mauvaises. Enfin, le différend entre la donatrice et le curé fut jugé, et le tribunal, considérant que « tout objet une fois donné appartient en toute propriété à celui auquel est fait le don et que dès lors le donateur ne saurait empêcher celui-là d'en disposer à sa guise », débouta de sa demande mademoiselle Célestine de la Breloquière.

— Ah ! c'est comme cela ! se dit la généreuse châtelaine. Eh bien ! je vais faire pratiquer des fouilles dans tous les terrains dépendant de mon castel. Il faudra bien que je retrouve la rotule de la jambe droite, sinon le corps tout entier de saint Truphème ; j'exposerai ma nouvelle trouvaille à la vénération des fidèles, et, pour toucher cette rotule-là, on n'aura rien à payer.

Lors, elle employa ses vieux domestiques dévoués que jadis elle avait fait venir du manoir paternel pour remplacer l'ancien personnel de Marius Tourniquet, — elle les employa, dis-je, à gratter la terre de sa propriété jusqu'à des profondeurs inouïes.

D'aussi nobles efforts devaient être couronnés de succès. On déterra dans la pinède un squelette de grande taille auquel il manquait une rotule, la rotule de la jambe gauche ; il n'y avait pas à en douter une seconde, c'était là le squelette de saint Truphème !

Seulement, chose bizarre, l'épine dorsale du squelette se terminait, à la chute des reins, par une queue qui n'était pas dépourvue d'une certaine majesté, mais que toutefois il était difficile de se représenter vissée au derrière d'un bienheureux.

Une grande consultation fut tenue, et il y fut décidé que, saint Truphème étant d'après la légende un pompier et non un orang-outang, son squelette ne pouvait pas vraisemblablement être muni du moindre appendice caudal. Enfin, pour comble d'éclaircissements, on apprit par le jeune indou, appelé exprès de Paris, que Marius Tourniquet avait amené de Calcutta un magnifique homme des bois, lequel singe était mort, trois mois après la construction du château.

Horreur ! ce que les fidèles avaient adoré jusqu'alors était une rotule d'orang-outang. Le coiffeur et le pharmacien rirent beaucoup de l'aventure ; mais, malgré leurs moqueries impies, la rotule de saint Truphéme n'en continua pas moins à accomplir de grands miracles.

EAU DE FOURVIÈRES

MIRACLES ABRUTISSANTS

APPARITION

DU

BIENHEUREUX JÉROME BADUCCUS

Ex-bedeau de Fourvières

Grande concurrence à l'eau de Lourdes

Si vous connaissez Lyon, vous connaissez Fourvières, du moins de vue. Mais vous ignorez sans doute les menus détails de la sainte colline où vont pèleriner tout l'an, du 1er janvier à la Saint-

Sylvestre, les dévots et dévotes des quatre-vingt-six départements.

Là, d'un bout à l'autre de la montagne, serpente une ruelle nommée la montée des Anges, mais que le vulgaire, plus porté à la trivialité, appelle la montée des Cacas. Cette ruelle a été l'autre jour le théâtre d'un grand miracle.

C'était pendant l'horreur d'une profonde nuit, comme on dit à la Comédie-Française. Il était entre une heure et trois heures du matin. M. Pantaléon Coquenouillet, marchand d'ornements d'église et porte-bannière de l'archiconfrérie des Cœurs-Saignants, gravissait, d'un pas lent et silencieux, les aspérités de la montée des Cacas. Et, gravissant ainsi la sainte colline, le cher homme torturait sa cervelle rêveuse en songeant aux persécutions atroces auxquelles l'Eglise est en butte. Rien ne pouvait le distraire de sa méditation ; quelques bruits sourds qui se faisaient entendre parfois le long des murs, accompagnés de crépitements vagues, parvenaient à peine à détourner pour une seconde le cours de sa rêverie.

— Ce sont des âmes du purgatoire qui gémissent, se disait-il.

Et, reprenant de plus belle sa marche ascendante, il gravissait, de son pas lent et silencieux, la colline sainte.

Tout à coup, au sommet d'un abricotier qui dépassait la muraille grise d'une propriété, apparut dans l'ombre une forme humaine.

M. Pantaléon Coquenouillet fit un saut en arrière.

La forme humaine agita de longs bras qui n'en finissaient plus.

M. Pantaléon Coquenouillet — qui a voyagé — se demandait ce que signifiait ce sémaphore télégraphique d'un nouveau genre, lorsque, soudain, l'abricotier fut enveloppé d'une vaste auréole lumineuse, et, de simple silhouette, la forme humaine si inopinément apparue prit des proportions plus claires et plus nettes : ses bras cessèrent de s'agiter dans le vide, son attitude eut quelque chose de majestueux et son visage s'éclaira d'une lueur divine.

— Homme de bien qui grimpes à Fourvières à cette heure indue, rassure-toi, fit l'apparition d'une voix mélodieuse. Je ne suis pas un filou, je suis un saint. Les desseins de là-haut sont grands. Rassure-toi, homme de bien, et que ton cœur ne batte plus la breloque.

Ces douces paroles jetèrent un charme ineffable dans l'âme pieuse de M. Pantaléon Coquenouillet. Il se mit à genoux et ses lèvres murmurèrent :

— O grand saint qui me faites la faveur inespérée de descendre du firmament céleste pour éclairer ma faible intelligence du flambeau de votre sagesse, je vous salue ; je vous salue, car vous êtes rempli de grâce, et votre figure sympathique respire un air de bonté. Parlez, grand saint, parlez, votre serviteur vous écoute.

L'habitant du ciel reprit :

— Je suis le bienheureux Jérôme Baduccus, ancien bedeau du sanctuaire qui est perché là-haut Mes mérites m'ont placé après ma mort dans le séjour des Chérubins et des Dominations, et j'ai le pouvoir d'accomplir de grands miracles. Notre-Dame de Fourvières m'a choisi pour faire savoir aux humains, par ton canal, qu'elle n'entend pas être délaissée pour les autres dames, ses concurrentes, de La Salette, de Lourdes et de Lorette. A partir d'aujourd'hui, jaillira, à l'endroit même où tu t'agenouilles devant moi, une source dont l'eau opérera d'étonnantes guérisons. Si les humains, et les Lyonnais en particulier, continuent à vivre dans l'impiété, s'ils portent leurs monacos au Sou des Ecoles laïques au lieu d'en faire profiter les troncs de Fourvières, des calamités innombrables s'abattront sur eux. Le pissenlit desséchera sur pied ; la lune sera toujours rouge la nuit comme une lanterne de locomotive ; il poussera du chiendent sur la tête de toutes les petites filles; les libres-penseurs auront tous des verrues au bout du nez ; les lettres qu'ils recevront ne seront jamais affranchies; les omnibus seront toujours complets ; l'été comme l'hiver, il y aura beaucoup d'écorces d'oranges sur les trottoirs ; enfin, la figue sera atteinte d'une terrible maladie. Va, Pantaléon, va dire aux humains qu'ils ne savent pas ce que c'est que la maladie de la figue !

A ces mots, la lueur divine s'éteignit comme par enchantement, et le bienheureux Jérôme Baduccus disparut. Au même instant, M. Coquenouillet, qui était toujours à genoux, se sentit inondé par une eau à l'odeur forte qui arrivait en vrai torrent. C'était la source prédite ; elle était pure et sulfureuse.

M. Pantaléon Coquenouillet se leva, s'essuya le pantalon et rendit grâce au grand saint qui l'avait choisi pour son instrument.

Le lendemain, le tout-Lyon dévot escaladait la sainte colline et venait boire à la source de la montée des Cacas.

En peu de jours, la nouvelle de ces événements se répandait dans le monde de la cagoterie française et, depuis, les pélerinages vont leur train.

Des miracles étonnants se sont produits.

On en cite plusieurs millions.

L'eau de Lourdes est enfoncée !

Donnons, pour l'édification des masses, quelques-uns des innombrables certificats signés dès à présent par les fidèles guéris.

Miracle n° 137

J'avais perdu à Coulmiers un bras (je ne sais pas bien lequel), et je me disais : « Pauvre France, je suis réduit à ne plus pouvoir te défendre et te servir à la fois, puisqu'il faut avoir :

> « Un bras pour te défendre,
> » Un bras pour te servir ! »

En outre, cette absence d'un bras était destinée à me gêner considérablement pour le jour où je voudrais étrangler ma belle-mère.

Ayant entendu parler avantageusement de l'*Eau de Four-vières*, je me suis rendu à la source même, où l'on m'en a remis un flacon moyennant 50 centimes.

Je n'ai fait ni une ni deux; j'ai avalé, en me couchant, trois gorgées du liquide miraculeux, et, le croiriez-vous ? le lendemain, en me réveillant, je me suis retrouvé le bras qui me manquait; seulement, il mesurait 3 mètres 50 de longueur.

O *Eau de Fourvières*, je te bénis ! grâce à toi, je puis me faire les doigts de pied sans me baisser, je puis allumer mon cigare aux becs de gaz, passer la main sous le menton des blondes qui prennent l'air à la fenêtre; au guichet des théâtres, lorsque je suis à la queue, il m'est facile de prendre mon billet avant mon tour. *Eau de Fourvières*, je te bénis !

Il n'y a qu'une chose qui me gène, c'est lorsque je laisse pendre mon bras : à tout instant je crois mettre le pied sur la queue d'un chien ; seulement, comme je me fais mal à moi-même, alors je crie, et ça me fait apercevoir que je viens de me marcher sur la main.

Mais, malgré ce léger inconvénient, *Eau de Fourvières*, encore une fois, je te bénis !

RASBGOURDIN.

Miracle n° 23,179

J'avais un fils, espoir de mes vieux jours ; il avait la coqueluche et du goût pour le métier des armes.

J'essayai de lui faire prendre quelques cuillerées d'*Eau de Fourvières*. Impossible ! à peine je lui présentais la cuiller que l'enfant se mettait à pleurer et demandait le sein. Il faut vous dire que sa mère est morte il y a quatre mois, et depuis ce temps-là, quand le pétiot réclame à téter, je lui fourre au bec le manche du plumeau ; c'est très-nourrissant.

Mon héritier présomptif prit donc cette fois encore le manche du plumeau ; mais sa coqueluche ne guérissait pas. Alors, désespéré, je pris le parti d'avaler moi-même un flacon de l'eau merveilleuse.

O bonheur ! mon fils fut guéri au bout de deux jours ; mais, moi, je suis mort sur le coup.

Excusez-moi si je n'ai pas affranchi ; je n'ai pas eu le temps d'acheter un timb...

NOURRIDELARD.

Miracle n° 613,842

J'ai quatre ans et un râtelier complet. Ça me gênait pour manger. Je me suis dit : « Faut nous débarrasser de ça ! » et j'ai bu incontinent de l'*Eau de Fourvières*.

L'effet a été prodigieux. De bonnes dents, de véritables dents me sont repoussées ; mon râtelier a disparu. Mais, d'après ce que j'ai entendu dire, notre entrepreneur des pots de pommade l'a retrouvé dans la fosse hermétique de la maison, et le prenant pour la fameuse graine de cactus-graticulus qu'il cherche depuis longtemps, il se félicite vivement d'avoir enfin mis la main dessus.

BÉBÉ RATAU.

Miracle n° 6,861,925

Le monde serait étonné si je lui disais que les plantes que j'avais sur ma *fenêtre refusaient* absolument de *pousser.* J'ai pris de l'*Eau de Fourvières* ; elles sont mortes tout de même ; mais, depuis, le trottoir de ma maison, qui est sisé près du théâtre, se trouve, chaque soir après la représentation, littéralement inondé par une pluie bienfaisante et surtout odoriférante.

CANARDON,
propriétaire et rentier.

Miracle n° 45,367,952

Il m'était venu des hémorrhoïdes à la suite d'une partie de pêche. J'avais essayé de l'eau de Lourdes; elle me fit monter ces mêmes hémorrhoïdes dans le nez. L'autre jour, jeudi, mon propriétaire entre chez moi comme une bombe et me signifie d'avoir à lui payer *illico* trois termes en retard, ou, sinon, de déloger. Furieux d'un procédé aussi mesquin, j'ai jeté à la figure du vautour un flacon d'*Eau de Fourvières* que je venais d'acheter.

Quel n'a pas été mon étonnement en sentant mes hémorrhoïdes disparaître aussitôt et en les voyant se loger sur mon créancier sous la forme d'une fluxion à la joue gauche ; en même temps, le malheureux est devenu si chauve que, s'apercevant dans la glace, il s'est pris pour un autre et m'a même fait de plates excuses.

GROSDRIQUET, poète.

Miracle n° 6,651,833,115

Fils de fermier, fermier moi-même, je suis affligé d'une femme qui a la plus grande vénération pour le bienheureux Jérôme Baduccus. Aussi, dès la nouvelle de l'apparition, s'empressa-t-elle de me prier de lui rapporter de Lyon un flacon d'*Eau de Fourvières* pour se teindre les cheveux.

Savez-vous ce qui est arrivé ?

Le petiot de Barbanchu qui souffrait d'une canine a été guéri de la petite vérole ; ça lui a donné le ver solitaire ; ma femme, qui était stérique jusqu'alors, m'a fait d'un seul coup deux moutards qui ressemblent affreusement au curé de l'église des Trois-Amants, au quartier Saint-Paul ; et ma vigne, elle a été guérie du filoxquéra.

PITANCHOIS,
greffeur de Courges, aux Etroits.

Miracle n° 15,762,934,280,499,027 et 1⟨2

J'avais contracté dans le sein de ma mère la déplorable habitude de sucer les pommeaux de parapluie. Un soir, par mégarde, j'avalai une ombrelle que je tenais à la main.

Les médecins étaient désespérés, et moi davantage. On était très-embarrassé pour *retirer* le malencontreux objet qui, en traversant mes boyaux, s'était retourné ; tout ce que j'avalais s'amassait dans la soie de l'ombrelle qui s'ouvrait tous les jours de plus en plus dans mon intérieur.

Harpons, vomitifs, huile de ricin, magnésie, eucalypsinthe, thé des Alpes, rien n'y faisait. Un ami dévoué descendit même chez moi en scaphandre ; le malheureux y resta, et joua longtemps dans mes intestins le rôle de ténia. J'étais à bout de remèdes, quand j'entendis parler de la source miraculeuse de la montée des Caras.

— Si j'en essayais pour mon ombrelle? me dis-je.

Baste ! je me laissai tenter, et je bus tout un flacon d'*Eau de Fourvières.*

O joie ! ! ! l'eau divine rendit en cinq minutes mon ami interne maigre comme un Vendredi-Saint ; il se mit aussitôt à circuler, et, adressant une invocation suprême à Saint-Jean-Porte-la-Tine, *il réussit à pousser mon ombrelle* jusqu'à la première ouverture qu'il rencontra.

Les médecins aperçurent le bout à l'horizon ; ils retirèrent l'ombrelle et mon ami sain et sauf. Depuis ce jour, j'ai des cors aux pieds ; ce que je m'explique par le travail auquel mes muscles ont dû se livrer pendant cette douloureuse opération.

PERNICHARD.

Ces témoignages de la valeur de l'*Eau de Fourvières* sont plus que suffisants.

Devant de telles preuves on s'incline !

Fourvières est désormais appelée à éclipser tous les lieux de pèlerinage connus et inconnus.

Et la meilleure preuve de l'avenir qui est réservé à son Eau, c'est qu'au moment où nous mettons notre almanach sous presse, nous apprenons qu'il y a déjà une contrefaçon. Il s'agit d'une eau également miraculeuse, ou se disant telle, qui se fabrique à Lyon, au quai de l'Hôpital, avec de vieux gargarismes ayant servi aux pensionnaires de la Charité. Il paraît que c'est très-bon ; mais les flacons ne portent pas l'estampille du bienheureux Jérôme Baduccus !

Donc, méfiez-vous.

La maison de Fourvières n'est pas au coin du quai ! ! !

CE QU'ON LEUR FAIT CROIRE!

Selon la Genèse qui fut écrite par Moïse sous la dictée du père Jéhovah, c'est le sieur Adam — ne pas confondre avec le musicien de ce nom — qui fut le premier homme.

Les historiens sacrés nous racontent qu'Abel (le fils cadet au père Adam) avait une taille raisonnable : seize mètres de haut, s'il vous plaît !... Eh bien! Abel était un myrmidon auprès de Monsieur son papa et de Madame sa maman.

La preuve, — la preuve palpable, — nous l'avons près de la Mecque. (*)

Voici :

Quand Adam et Eve furent expulsés du paradis terrestre sans même recevoir leurs huit jours, la mère du genre humain sortit de ce lieu de délices aussi vierge que Jeanne d'Arc. Ce n'est qu'assez longtemps après qu'Adam fit avec elle une connaissance plus approfondie. — Ce sont, du moins, les docteurs de l'Eglise qui l'affirment; moi, je n'en sais rien. — Père Adam et mère Eve, qui avaient de grandes jambes, firent en quelques pas beaucoup de

---

(*) Cet article est extrait des *Reliques amusantes*. Sous ce titre, M. Léo Taxil publie, en collaboration avec M. Paulon, une revue complète et fort comique de toutes les prétendues reliques qui existent sur la face du globe et que les charlatans cléricaux font vénérer aux imbéciles.

Cet ouvrage se publie par livraisons, chaque jeudi une livraison à 10 centimes. Une fois la publication terminée, les collectionneurs posséderont une véritable « Encyclopédie de la superstition ». Jamais ce travail n'a été fait d'une manière aussi complète ni aussi intéressante.

En envoyant cinquante centimes en timbres-poste à MM. Firmin et Cabirou frères, imprimeurs, rue Durand, à Montpellier, on recevra, à titre d'essai, les cinq premières livraisons. On peut aussi souscrire par série de vingt livraisons, c'est-à-dire envoyer deux francs, et alors on recevra les livraisons une à une, au fur et à mesure de leur apparition.

L'ouvrage complet formera deux grands beaux volumes.

chemin, tant, de chemin, mes amis, qu'ils allèrent
sans se fatiguer jusqu'à la Mecque.

Près de là, en effet, on montre une petite colline
où Eve avait la tête appuyé au moment du premier
accomplissement de l'acte conjugal ; ses deux genoux étaient bien loin sur deux petits tertres qu'on
remarque aussi dans la plaine. La mère du genre
humain devait être une fameuse gaillarde et d'une
taille à éclipser toutes les femmes géantes de nos
foires ; car, s'il faut en juger par les tertres en question, elle avait les genoux écartés à plus de trois
cents pas l'un de l'autre. Rien que ça !

Des pères de l'Eglise n'hésitent pas à supposer
qu'Adam et Eve avaient six mille pieds de haut, ce
qui fait deux mille mètres. C'est raide. Nous sommes bien dégénérés.

Quelques rabbins, et avec eux des docteurs du
christianisme, ont écrit que, quand Noé s'enferma
dans l'arche, il prit avec lui les os d'Adam ; qu'il les
partagea à ses enfants après le déluge ; et que la
tête échut à Sem. Par exemple, personne n'a pensé
à nous dire ce qu'était devenu le reste.

Noé, avant de passer l'arme à gauche, appela Sem
et lui dit :

— A propos, as-tu toujours la tête d'Adam ; ne
l'aurais-tu point égarée !

— Non, papa, répondit Sem, elle est encore dans
ma valise entre mes faux-cols et mes chaussettes.

— C'est bien. Tu l'enterreras au milieu du monde.
Entends-tu ? juste au milieu du monde. Telle est la
volonté de Dieu.

Une fois que Sem eut donc conduit le corps de
Noé au cimetière, il songea à exécuter les dernières
volontés paternelles. Mais, où se trouvait le milieu
du monde ? c'est là qu'était le cheveu !

Sem était bien embarrassé. A cette époque-là, personne ne se doutait de la rotondité de la terre. Si le
fils aîné de Noé avait pu penser que notre planète
est une simple boule, il aurait bravement creusé le
sol au premier endroit venu et y aurait enfoncé sa

tête (la tête d'Adam) à la profondeur voulue. Sem ignorait ce détail élémentaire relatif à la conformation du monde. Il appela à son aide un ange. Un ange descendit du ciel ; il ignorait aussi, celui-là, que la terre est sphérique ; l'ange alors conduisit Sem au pied d'une colline qui devait être plus tard le Calvaire et lui dit :

—Le milieu du monde? tu demandes le milieu du monde ?... C'est ici... Prends une pioche, et creuse.

Sem creusa.

On montre, en conséquence, à Jérusalem, un trou carré, au-dessous de l'endroit où le rocher se fendit à la passion. On dit que c'est par cette fente que le sang de Jésus-Christ coula sur le crâne d'Adam pour le purifier, et l'on a bâti une chapelle en l'honneur de la tête du premier homme.

Une chapelle ?... Vous avez saisi, n'est-ce pas ?... Pour visiter ladite chapelle, il faut débourser quelques menues pièces d'argent ; car il n'y a pas de reliques sans un petit tronc tout à côté. Seulement, jusqu'à présent la tête d'Adam n'a pas encore été exhibée aux fidèles. Et cela se conçoit; on n'a pas comme cela sous la main une tête pouvant représenter celle d'un Monsieur qui avait deux mille mètres de hauteur. — En attendant, on fait voir l'endroit où Sem l'a enterrée. C'est toujours ça.

A l'île de Ceylan, on va encore en pèlerinage à une montagne très-escarpée, nommée le Pic d'Adam. Les habitants ont beaucoup de vénération pour ce saint lieu, y lavent leurs habits et s'y baignent dévotement; il paraît que cela efface tous leurs péchés. Cette montagne est honorée à cause d'une grande pierre sur laquelle figure l'empreinte très-bien gravée d'un pied humain gigantesque. On affirme qu'Adam a passé par là.

Quelqu'un qui voudrait trouver à redire à tout pourrait objecter que, si Adam a en effet passé par là et s'il avait assez de poids pour imprimer aux pierres la trace de ses pas, il devrait y avoir plusieurs empreintes de ce genre, vu que notre premier père n'a pas dû rester toute sa vie, à un seul point de l'île de Ceylan et juché sur un pied comme ces oiseaux flamands que l'on voit dans les jardins zoologiques. — Mais ne soyons pas tatillons. Adam a laissé son pied gravé sur un rocher à Ceylan ; tant mieux pour lui ! S'il avait eu la malencontreuse idée de venir pendant l'été se promener sur le bitume d'un boulevard, c'est pour le coup qu'il serait demeuré enfoncé jusqu'à la cuisse !...

———

On se plaint à tout moment de ce que les travailleurs désertent la campagne pour aller se faire ouvriers dans les villes ; on ne cesse à ce propos de répéter en gémissant cette phrase sacramentelle :

— L'agriculture manque de bras !

D'accord. Mais alors pourquoi n'appelle-t-on pas saint André à l'aide de l'agriculture ?

Ce compagnon du Sauveur — saint André était un des douze apôtres — est, sans aucun doute, un des particuliers qui ont donné le plus de mal aux tailleurs depuis que le monde est monde.

Il avait dix-sept bras !

Conformé de cette façon, il ne pouvait pas, vous le pensez, prendre ses vêtements dans les maisons de confection ; il était bien obligé de se faire faire ses habits sur mesure. Aussi, vous devez vous imaginer facilement la tête que ne manquaient pas de faire les *tailleurs* de son temps quand il leur apportait sa pratique.

Chose curieuse, l'Evangile ne parle pas de ce phénomène qui caractérisait l'apôtre André, ce qui est bien regrettable, car nous aurions sans doute appris aussi que, lorsque les disciples de Jésus se trouvaient dans l'embarras, ils n'avaient qu'à montrer dans une baraque leur copain André pour réaliser immédiatement une bonne petite recette.

Toutefois, de ce que l'Evangile a cru juger bon de ne pas souffler mot des dix-sept bras de saint André, il ne faudrait pas en conclure que l'apôtre en question était organisé comme un simple mortel.

La meilleure preuve de ce que j'avance, c'est que ces dix-sept bras ont été précieusement conservés dans différentes églises.

Enumérons-les :

1° A Constantinople, corps de saint André au grand complet, soit....................	2 bras
2° A Reims........ ...., ...	1 bras
3° A Amalfi, près de Naples...	2 bras
4° A Toulouse..................................	2 bras
5° A Avranches,.... .... ,..............	1 bras
6° A Moscou, en Russie	1 bras
7° A l'abbaye de la Chaise-Dieu, en Auvergne....	2 bras
8° Au couvent d'Arakil-Vauc (ce qui veut dire *monastère des apôtres*) au pied du mont Ararat, en Arménie........	2 bras
9° A Vergy, en Bourgogne.....................	1 bras
10° A Notre-Dame de Paris..................	1 bras
11° A l'hôpital du Saint-Esprit, à Rome..	1 bras
12° A l'église St-Sébastien, à Rome.............	1 bras
TOTAL :	17 bras

Ou les dix-sept bras en question sont réellement des bras de saint André, ou ce sont des bras ayant appartenu au premier venu des porteurs d'eau.

Dans le premier cas, on a le droit d'accuser l'Evangile de ne nous avoir renseignés sur les apôtres que d'une façon très-incomplète : dans le second, on est fondé à dire que les prêtres catholiques sont des imposteurs, — et jamais nous ne nous oublierons au point de laisser ce mot tomber de notre plume.

Donc, malgré le silence de l'Evangile, saint André avait dix-sept bras, sans compter ceux que peut-être nous ne connaissons pas encore. Donc, c'est à saint André que doit s'adresser l'agriculture.

Ajoutons, pour mémoire, que, dans les églises d'Amalfi, Toulouse, Moscou et le couvent du mont Ararat où se trouvent deux bras, il y a aussi, comme à Constantinople, tout le reste du corps ; — ce qui fait cinq corps à ce bon saint André.

N'oublions pas, pendant que nous y sommes, une sixième tête que possède religieusement la basilique de Saint-Pierre à Rome, et rappelons en bloc qu'à Aix-en-Provence et dans une multitude d'autres villes, on montre aux fidèles une provision de genoux, de pieds, d'épaules, de côtes, de doigts, etc., toujours de cet excellent saint André.

Avant la Révolution, on venait même baiser avec respect le peigne à retaper de ce prodigieux apôtre, lequel peigne figurait, comme précieuse relique, dans le trésor de l'église de Notre-Dame de l'Ile-sur-Lyon.

Huile de Saint-André. — Rien n'est désagréable, vous ne l'ignorez pas, comme le voisinage de quelqu'un qui sue des pieds. Mais pourquoi cela ? Parce que la sueur en question est un liquide aqueux dont l'odeur rappelle exactement celle d'un vieux fromage de gruyère en décomposition.

Si, au contraire, la sueur des pieds était une huile portant en elle un agréable parfum, chacun rechercherait la compagnie des gens qui « plombent des arpions », comme on dit dans le grand monde.

Tel est le cas de saint André. Il ne puait pas, il embaumait des pieds. C'est du moins ce qu'il faut croire ; car, même après sa mort, son corps rendait une sueur huileuse et odoriférante. Grégoire de Tours — un évêque, s. v. p. — raconte que de son temps cette huile parfumée, suintée par le saint, coulait de son tombeau, mais surtout le jour de sa fête (30 novembre). Au commencement de l'hiver ! voilà une sueur modèle, hein ?

Lorsque cette sueur sortait avec abondance, c'était un présage que l'année suivante serait fertile ; si le saint gardait les pieds secs, on pouvait s'attendre à une grande stérilité.

Et dire qu'il y a des ingénieurs-physiciens qui se cassent la tête à trouver des baromètres plus ou moins exacts !

Je vous demande un peu s'il ne serait pas mille fois plus simple de placer dans nos observatoires des doigts de pied de saint André qui, suivant qu'ils fourniraient plus ou moins de sueur odoriférante, indiqueraient la pluie, le variable, le tempéré ou le beau fixe. Cela serait d'autant plus aisé que, saint

André possédant 5 corps, 6 têtes et 17 bras, on pourrait en obtenir assez de doigts de pied pour rendre heureux tous les observatoires des deux continents ; au besoin, le bon saint multiplierait ses orteils huileux comme il a multiplié sa bienheureuse caboche.

———

Vous savez, ou vous ne savez pas, que, lorsque Jésus eut fait son entrée triomphale à Jérusalem, il donna la clé des champs à l'âne qui lui avait servi de monture, voulant que cet animal passât le reste de ses jours en liberté. On lui devait bien cela.

Le glorieux âne dont nous parlons profita donc de la permission, et, s'il faut en croire la légende, il s'en alla, tout fier d'avoir porté le Sauveur du monde, faire un petit voyage d'agrément. Ne me demandez pas par exemple comment on a su exactement tout le chemin que cet âne merveilleux a fait pour aller de Palestine à Vérone, en Italie : il faut croire qu'il est apparu dans un nuage à quelque père de l'Eglise et qu'il lui a raconté par le menu les détails de sa longue excursion.

Une fois que maître Asinus eut bien rôdé en Terre-Sainte, broutant des chardons par-ci, envoyant de saintes ruades par-là, il s'avisa de quitter le pays natal et de voyager à l'étranger, tout comme un bon rentier qu'il était.

Notre âne, qui connaissait sa géographie mieux qu'un capitaine de uhlans, savait très-bien que, pour aller directement de Jérusalem en Italie, il lui fallait traverser la mer. Pour cela, comment faire ? Prendre un billet aux bureaux des Messageries Maritimes et faire le voyage sur un paquebot ? notre âne n'y tenait guère, car il était méfiant sans doute et pas désireux du tout de perdre son indépendance ; une fois à bord, on aurait très-bien pu le garder. — Il fit donc appel à ses souvenirs et se remémorant que le Christ avait marché sur les eaux il se dit : « Pourquoi n'en ferais-je pas autant ? » — Pas bête, comme on le voit, cet âne. Il savait que Dieu veillait sur lui.

Bravement, il se rendit au bord de la plage et mit le sabot sur la première vague qui se présenta. Crac ! la vague devint aussitôt dure comme le cœur d'un président de conseil de guerre ; il risqua un second sabot sur une seconde vague, qui s'empressa de se durcir comme la première, et, ma foi, voilà notre âne qui, gambadant tout à son aise, s'en fut jusqu'à l'île de Chypre à pied. Il visita successivement Rhodes, Candie, Malte, la Sicile, broutant en route des chardons qui poussaient tout exprès sur les flots durcis, et enfin il arriva au bout du golfe de Venise.

A cette époque, Venise n'avait pas été encore inventée. Il n'y avait que la place de cette ville féerique au sujet de laquelle on devait dire plus tard : « Voir Venise et mourir. »

Je vous le répète, il n'y avait alors pas plus de Venise que sur ma main. L'âne touriste eut beau braquer de tous côtés sa lorgnette : il ne put apercevoir ni les lions de Saint-Marc ni la moindre gondole filant gracieusement sur le canal.

— Zut ! fit-il. Pas mèche de visiter Venise, je n'ai donc pas encore besoin de mourir.

Et reprenant sa valise et son carton à chapeau, il s'en fut à Vérone.

A Vérone, il y a des ânes comme partout ailleurs. Néanmoins, notre aliboron ne devait pas ressembler à ses confrères. Les habitants de Vérone lui trouvèrent assurément quelque chose de distingué dans la démarche et même la physionomie austère et béate. Et puis, il avait une belle croix sur le dos (n'oublions pas qu'avant ce roussin-là les ânes avaient l'épine dorsale dépourvue de l'ornement en question ; c'est l'âne de Jésus-Christ qui, ayant été marqué de cette faveur spéciale, a donné le ton à la mode des croix sur le dos). Les habitants de Vérone furent donc ravis : ils comprirent tout de suite qu'ils avaient affaire à un âne respectable et quelque peu saint ; celui-ci, grâce à une pantomime savante et inspirée par l'Esprit-Saint, leur expliqua, qu'il avait porté le Christ sur son échine vénérable, et aussitôt les habitants, enchantés de l'honneur qu'il avait bien voulu leur faire de daigner venir jusque chez eux, le comblèrent de tant de prévenances qu'il consentit à établir son séjour définitif à Vérone, où il mourut en odeur de sainteté.

On lui fit de riches obsèques ; les notabilités de la ville allèrent signer à la porte de l'écurie mortuaire ; les autorités de la région se firent représenter aux funérailles. Enfin, l'enterrement de Thiers ne fut plus tard que du jus de carottes auprès de cette cérémonie magnifique. Les dévots de Vérone gardèrent et gardent encore précieusement les reliques du saint âne ; elles sont à l'église de Notre-Dame-des-Orgues, dans le ventre d'un âne artificiel construit tout exprès. Deux fois par an, on fait une procession solennelle, et les quatre plus gros moines des couvents de la ville, pontificalement habillés, portent avec respect à travers les rues la bienheureuse carcasse.

Le clergé de Vérone est tellement fier de sa relique que, à la fin de la messe, au lieu de dire *Ite, missa est* pour congédier les fidèles, le pretre se met à braire trois fois, et l'assistance répond en chœur.

———

Quand les curés parlent d'un enterrement civil, ils ne manquent jamais de dire : « Cet infâme librepenseur s'est fait enterrer comme un chien... » Cette comparaison n'est pourtant pas très-exacte : il y a chien et chien ; tous les chiens n'ont pas été enterrés sans le secours du clergé, il y a même des chiens dans le ciel.

Ainsi, un chien que M. Louis Veuillot trouvera sûrement en paradis, si toutefois saint Pierre ne lui en refuse pas la porte (à lui, Veuillot), c'est le saint chien de l'abbaye de Corbie en Westphalie.

En l'an 887, vivait dans ce monastère un vénérable chien, qui pouvait être proposé comme un modèle de dévotion. Il écoutait la messe avec modestie et recueillement. Il se levait, s'agenouillait, se prosternait toutes les fois qu'il était nécessaire. Il observait scrupuleusement les jours maigres, et toutes les caresses imaginables ne l'auraient pas décidé à ronger le plus petit os en des temps d'abstinence. Si quelques chiens venaient lever la jambe pour uriner contre les murs de l'église, il les poursuivait et les mordait avec un saint zèle. S'ils troublaient les saints offices, par leurs aboiements, il ne manquait pas non plus d'aller les mettre à la raison. Ce vertueux chien mourut dans les bras des moines ses confrères. On montre encore, dans le monastère, la peau empaillée de ce chien; son histoire tient place dans les chroniques de la maison qu'il édifia par ses exemples.

———

Du temps de saint Sylvestre qui était pape, un dragon venait de temps en temps se promener dans Rome, et comme il ne venait jamais faire son petit tour en ville sans avoir au préalable ingurgité une bonne absinthe, son appétit était tel qu'il dévorait trois cents hommes d'un seul coup. Comme bien l'on pense, les Romains étaient dans la désolation; ils vinrent trouver le pape et l'informèrent de ce qui se passait. — « Attendez, répondit saint Sylvestre; le temps de passer mon surplis, et je vais lui dire deux mots. » — Il courut alors à la caverne du dragon et lui dit simplement ceci :— « Au nom de Notre-Seigneur Jésus-Christ qui a été crucifié et qui viendra juger les vivants et les morts, je te défends de mordre dorénavant. » — En prononçant ces paroles, saint Sylvestre avait sorti de sa poche une bobine de fil ; il attacha avec ce faible lien la gueule immense du monstre et celui-ci, ne pouvant plus l'ouvrir pour satisfaire son appétit féroce, fut bien obligé de se laisser mourir de faim. Le saint pape, en reconnaissance de la protection du ciel, bâtit une église qu'on voit encore et qui s'appelle Sainte-Marie-Libératrice. Elle est sur le lieu où le dragon se retirait pour faire sa sieste après avoir boulotté ses trois cents personnes. Les écailles du monstre

ont été soigneusement conservées ; cela ne coûte
que quatre soldis pour les voir.

———

Un système économique que nous recommandons
aux ménagères : — Vous avez une fontaine dans
laquelle vous mettez un poisson vivant, mais assez
gros ; chaque matin, vous pêchez votre poisson et
vous en coupez une moitié pour votre nourriture en
disant : « Sainte Mère de Dieu, toujours vierge !
Sainte Mère de Dieu, toujours vierge ! » puis vous re-
mettez l'autre moitié dans la fontaine. Le lendemain,
votre poisson est encore entier et toujours vivant, et
vous recommencez le procédé sans oublier la petite
invocation. —Vous voyez que c'est très-simple. Il ne
s'agit pour cela que d'être saint Corentin, patron de
Quimper. Le fait est authentique ; il y a une relique
qui le constate. En effet, à Quimper, on montre, non
pas le poisson miraculeux, mais la fontaine dans laquelle il se trouvait. Vous voyez qu'il est impossible
aux incrédules de nier ce grand miracle.

———

Le bonhomme que l'on vénère sous le nom de
saint Antonin, était, de son vivant, vicaire à Sorrente, en l'église de Saint-Agrippain. Avant de re-
monter au ciel, saint Antonin avait dévissé un de
ses bras et l'avait laissé dans son église. On avait
enterré le reste du corps comme ne devant servir à
rien, et le bras, enchâssé convenablement, s'occu-
pait à faire des miracles de temps à autre. En 1558,
les habitants de Sorrente virent débouler chez eux
des Turcs en train de leur confectionner une inva-
sion sur mesure. Les vainqueurs pillèrent Sorrente
et emportèrent le bras d'Antonin à Constantinople
pour essayer de le revendre. En Turquie, les bras
d'hommes morts n'ont aucune valeur ; pour quatre
sous vous en auriez pas mal de kilos : ça et le vieux
papier, c'est le même prix. Le marchand de curio-
sités qui avait mis le bras du saint en étalage le
voyait se défraîchir tous les jours et se désespérait
d'autant plus qu'il l'avait payé fort cher. Ce bras

commençant à sentir le rance, il allait falloir le jeter dans un égout, quand un habitant de Sorrente vint à passer devant la boutique du marchand. Pour éviter de le payer trop cher, il dissimula sa joie, et, s'adressant au marchand, il lui dit d'un ton assez indifférent :

— Combien votre bras ?

— Cent francs tout au juste, mon bon effendi !

— Cent francs !... Vous vous retirerez bientôt, si vous faites des affaires à ce taux-là ! Je vous en donne cinquante sous.

— Le pacha veut rire, sans doute... Voyez donc quel biceps, et quel modelé dans l'avant-bras ! Quant à la main, c'est à s'agenouiller devant. Tenez, prenez-le pour 6 francs 25 ; mais je vous jure que j'y perds.

— Allons donc ! les vers y sont déjà ! Et puis ce que j'en fais, ça n'est pas que j'y tienne ; c'est pour donner à manger à mon chien qui adore les morceaux de Turc ; or ça, c'est un bras de Turc, et, vous le savez, ça n'a pas de valeur. Voulez-vous me le laisser pour 3 francs ? C'est mon dernier mot.

Le marchand ignorant complétement le prix que l'habitant de Sorrente attachait à ce morceau humain, enveloppa le bras du saint et le lui remit, en échange de ses trois pièces de monnaie.

Nous ne garantissons pas l'exactitude absolue du dialogue cité plus haut, mais voici ce qu'Adrien Baillet dit à ce sujet dans sa *Vie des saints*, à la date du 14 février : « Personne ne parut tenté de l'acheter, quelque bonne composition qu'on en offrît. Mais un homme de Sorrente même en fit l'acquisition à très-bas prix. » Etant ainsi rentré en possession du morceau de l'ex-curé de Saint-Agrippain, le Sorrentais se dépêcha de le rapporter à l'endroit d'où les barbares disciples de Mahomet l'avaient enlevé. Et le saint bras, heureux comme un poisson dans l'eau d'avoir enfin réintégré son ancien domicile, redevint frais et beau « et se remit à faire des miracles » comme par le passé.

www.ingramcontent.com/pod-product-compliance
Lightning Source LLC
Chambersburg PA
CBHW071342030726
47594CB00002B/727